Dieu et Patrie !

L'HOMME NOIR !!!

CE QUE L'ON EN DIT

DANS

LE MONDE MANGE-PRÊTRE

DE

MESSIRES LES EMBERLUCOQUÉS

Par Trois-Points...

> Dans ce pays-là on appelle « courge » une « lanterne » et l'on y prend les « agneaux » pour des « loups » !!!

NANCY
IMPRIMERIE SAINT-EPVRE
3, rue du Cheval-Blanc, 3

1886

Dieu et Patrie !

L'HOMME NOIR !!!

CE QUE L'ON EN DIT

DANS

LE MONDE MANGE-PRÊTRE

DE

MESSIRES LES EMBERLUCOQUÈS

Par Trois-Points...

Dans ce pays-là on appelle « courge » une « lanterne » et l'on y prend les « agneaux » pour des « loups » !!!

NANCY
IMPRIMERIE SAINT-EPVRE
3, rue du Cheval-Blanc, 3

1886

L'HOMME NOIR

ET

LES EMBERLUCOQUÈS!

MON CHER LECTEUR,

Si vous me demandiez — à cette heure — quel pourrait être pour mon pays le pire de tous les maux, le mal total, le mal souverain...

« Mal que l'enfer, en sa fureur,
Inventa pour semer des ruines sur la terre ! »

A coup sûr, je m'imaginerais la *Religion* traitée, comme une *vassale*, sous le fouet ; surveillée, comme une *ennemie public* ; écartée de partout, comme un *danger social*...

Pourquoi cela ?

Parce que la Religion, *Manifestation de la loi de vérité qui est la règle de l'intelligence, et de la loi de l'ordre qui est la règle du cœur,* est l'unique fondement des devoirs ; et que les devoirs, à leur tour, sont l'unique lien de la *société*. En sorte que, tenez-le pour certain :

Sans Religion la société ne pourrait subsister.

L'histoire de chaque peuple, le témoignage des hommes les plus compétents et les moins suspects, la raison elle-même s'accordent pour démontrer la vérité de cet axiôme.

I

L'histoire de chaque peuple.

Interrogez l'Asie, le premier berceau du genre humain, la patrie des nations, d'où sont sorties toutes les grandes familles qui ont peuplé la terre. Eh bien, dit un savant peu suspect, *Victor Cousin*, « l'idée *religieuse* est comme l'idée centrale de l'Orient ; art, état, industrie... tout s'est formé autour de la *Religion* et par la *Religion*. L'Etat lui-même est une théocratie avouée ; toutes les lois civiles et politiques sont en même temps des lois religieuses, et l'industrie est si bien au service ou sous la domination de la Religion, que des codes, à la fois politiques et religieux, lui tracent d'avance ses procédés et ses limites (1). »

Le Législateur de la Chine, cet immense empire fondé après le déluge, dérive de *Dieu* le gouvernement et ses lois.

Osiris chez les Egyptiens, *Zoroastre* chez les Perses, *Orphée*, *Minos*, *Cécrops* chez les Grecs, *Numa* chez les Romains, tous les législateurs et premiers chefs qui ont voulu fonder une *institution* ou *société* quelconque, y ont placé pour base première la *Religion*, comme la suprême sanction de la loi, comme le fondement de l'éducation des peuples, comme le maintien de l'*ordre social et moral*.

Les anciens écrivains de Rome s'accordent à nous montrer le gouvernement primitif de leur pays subordonné à la *Religion* et au pouvoir spirituel des pontifes.

Les Gaulois, les Romains, les Bretons, qui composent le fond des populations européennes, et que les Romains déclaraient impossible de surpasser en courage, formaient comme une vaste théocratie sous l'autorité du chef des druides. Ils avaient de leurs dieux une idée tellement haute, qu'au dire de Tacite, ils avaient transporté la théocratie jusque dans la *discipline militaire*.

Clodius James avoue que jamais la triste maxime que la loi est *athée* et qu'elle doit l'être

(1) Leçon II, 1828.

n'aurait pu être articulée en *Amérique* sans soulever une protestation générale ; et la *Religion* y reste la première des institutions politiques.

Enfin, pour ne plus citer que celui-ci, M. Le Play, après avoir consacré vingt ans de sa vie à explorer toutes les parties du monde civilisé, pour y découvrir et constater le secret de la propérité ou de la décadence des Etats, atteste que partout où il a vu des familles et des nations prospères et heureuses, il a vu, en même temps, le sentiment *religieux* inspirant toutes les institutions sociales, et les doctrines *religieuses* formant la base de l'éducation... Il a constaté, d'autre part, que partout où l'esprit *religieux* s'affaiblit, là les liens de la famille se relâchent et l'Etat social se détruit.

Vingt siècles avant le nôtre, Xénophon proclamait déjà comme un fait d'expérience, « que les villes et les nations les plus adonnées au *culte divin* ont toujours été les plus durables ; de même que les siècles les plus *religieux* ont toujours été les plus distingués par le génie (1). »

Ainsi, toujours et partout :

Depuis l'empire d'Orient, où régnèrent les œuvres de l'esprit, jusque dans les forêts lointaines, où s'abrite le sauvage : Chinois, Indiens, Perses, Hébreux, Grecs, Egyptiens, Germains, Bretons, Gaulois, Romains, Francs, Américains...,

(1) Memorab. Socrat., 1, IV, n° 16.

promulguent de concert que la *Religion* doit servir de base à toute société, et que, si l'on ne peut compter les peuples qui furent immortalisés par elle, on n'en compte pas un seul qui ait pu vivre et prospérer sans elle. « Un monde sans Dieu serait comme s'il n'était pas. » (V. Cousin).

II

Le témoignage des hommes les plus compétents et les moins suspects.

Un César qui n'a point encore eu son pareil ! et dont l'empire s'étendait de l'Océan à la Theiss, de l'Elbe à la Baltique, de la mer du Nord au Vulturne, avait si bien compris que le respect pour l'autorité, le maintien de l'ordre social, la solidité d'un Etat, tirent toute leur force des enseignements *religieux*, qu'il fit de l'obéissance à Dieu et à ses ministres un précepte de sa loi. « Nous ordonnons, dit *Charlemagne*, que tous nos sujets, depuis le plus grand jusqu'au plus petit obéissent à leurs supérieurs ecclésiastiques comme à Dieu, dont ils sont les ambassadeurs auprès de nous. Car nous ne pouvons comprendre comment ceux qui refuseraient obéissance à leur supérieur dans le spirituel, pourraient nous être fidèles à nous-même, et rendre à nos

une puissance plus haute que la puissance de la terre, des perspectives plus longues que celles de la vie présente ; il faut *Dieu* et l'*éternité.* »

« Otez la *Religion*, s'écriait Mirabeau, une *légion d'anges* ne gouvernerait pas la terre. »

« La Révolution annonce ouvertement la chute des gouvernements modernes et, en cela, elle ne se trompe pas ; mais en quoi elle se trompe, c'est de penser qu'elle établira d'autres gouvernements à la place de ceux qu'elle aura renversés, et qu'avec des doctrines *antireligieuses* elle fera un *ordre social* nouveau... Son unique création sera l'anarchie et le fruit de ses œuvres des *pleurs* et du *sang !!!* »

Ainsi parlait, aux belles époques de sa vie, un des plus grands apologistes modernes, Lamennais.

Diderot, l'émule de Voltaire en impiété, affirme « qu'un peuple sans *Religion*, s'il était possible d'en fonder un, trouverait sa perte au sortir du berceau. »

« Pas d'Etat sans Dieu, a dit Burke ; et l'on ne saurait trop déplorer l'aveuglement de ces hommes qui, non contents de l'amoindrissement des influences religieuses dans l'époque, travaillent à l'augmenter encore par toutes sortes de moyens. »

Le savant Cuvier déclarait au Collège de France, « qu'il ne conçoit pas plus une société sans *Religion*, qu'il ne conçoit un effet séparé de sa cause. »

Dans une lettre à M. de Montalivet, le fameux Cousin proclame la même vérité : « J'ai trop étudié l'histoire, pour ne pas être convaincu que les *principes religieux* sont mille fois plus nécessaires aux nations que tous les codes civils et que toutes les institutions politiques. »

« Cherchez un peuple sans *Religion*, a écrit Hume : si vous le trouvez, soyez sûr qu'il ne diffère pas beaucoup des bêtes brutes. » (Hist. naturelle.)

Voulez-vous entendre un aveu terriblement instructif, échappé au trop célèbre Bismarck ? « Les races latines ont fait leur temps ; elles sont en pleine décadence. Un seul élément leur reste, la *Religion !* Et quand nous aurons raison du *Catholicisme*, elles ne tarderont pas à disparaître (1). » Y songe-t-on bien !

Tout ceci me fait penser à un mot du général Zeithen à Frédéric II, roi de Prusse : « Sire, c'est avec le sentiment *religieux* que votre armée a remporté mainte victoire ; si vous voulez renoncer à la Religion, renoncez à la prospérité de l'Etat. » Ici encore mérite d'être rappelé l'avertissement donné à Ferdinand, roi de Bohême et de Hongrie, par le pape Clément VII :

« A la cause de la Foi sont intimement liés et votre dignité et votre intérêt, ainsi que ceux des autres princes ; puisque la Foi ne saurait être

(1) Paroles de Bismarck à M. Werlé, Cour., 22 sept., 1882.

détruite sans entraîner avec elle la ruine de vos propres affaires. C'est ce qu'on a vu clairement dans plusieurs contrées. »

« Il faut donc laisser au peuple sa Religion, ses prêtres, ses autels et son culte ; il faut même que le gouvernement s'en serve comme d'un levier puissant pour diriger les hommes, pour former leurs mœurs, pour adoucir leurs misères, pour les rendre meilleurs et moins malheureux. » (Rapport du conventionnel Fourcroy, 1796.)

« Qui renverse la *Religion*, renverse le *fondement* de la société humaine, a dit Platon. » Et M. Thiers : « Le char de l'Etat doit être porté sur quatre roues : une armée solide, une magistrature intègre, une administration bien réglée et la Religion, qui doit être nommée la première, parce qu'elle est la plus nécessaire. »

Il y a cent ans qu'un illustre protestant d'Angleterre, lord Fitz-William, dans une série de lettres aux souverains d'Europe, signalait la connexion qui doit exister entre les vérités religieuses et le bon état de la société temporelle. Voici comment il résume lui-même ses idées : « La vertu, la justice, la morale doivent servir de base à tout gouvernement. Je juge impossible de fonder un système de gouvernement quelconque qui puisse être permanent ou avantageux, à moins qu'il ne soit appuyé sur la Religion chrétienne. » (Lettres à Atticus, V^{e} lettre.)

Et, en effet, « si l'on se place en dehors de la *Religion*, nous portons le défi à tous nos hommes d'Etat de donner une *base acceptable* à la légitimité d'un pouvoir quelconque ; si ce *droit* ne s'appuie sur Dieu, le seul droit véritable, c'est la *force* et l'anarchie (1). »

Proudhon lui-même, contraint par l'évidence de cette *Religion* qu'il blasphémait, n'a-t-il pas écrit : « Qu'on se le dise ; la *Révolution sociale*, « *athée* ne pourrait aboutir qu'à un immense « *cataclysme*, dont l'effet immédiat serait de sté- « riliser la terre, d'enfermer la *société* dans une « camisole de fer, et, s'il était possible qu'un « pareil état se prolongeât seulement trois ou « quatre semaines, de faire périr trois ou quatre « millions d'hommes. »

On n'a pas oublié encore les rugissements de joie sauvage, les hurlements infernaux, les cris de mort ! et les soupirs de l'innocence égorgée, et les ruisseaux de sang, et les torrents de larmes, et les rivières encombrées de cadavres, et les flammes des incendies, et les débris du trône et des autels, et les scènes épouvantables de forfaits, d'orgies, de pillage et de proscription, qui ont accompagné l'inauguration de l'essai que tentèrent des barbares, nés sur le sol français, pour soustraire notre bien-aimée patrie à la tutelle du Christ... Pauvres fous !

(1) Mgr Parisis, Politique sacrée.

« On peut donc le prédire avec assurance : tout ce qu'on tenterait contre la Religion, tournerait contre le pays et rendrait funestes les entreprises des politiques (1). » Tous les observateurs, tous les écrivains le proclament.

Enfin :

III

La raison elle-même.

A mon humble jugement, la Religion peut se définir : *La science de la fin de l'homme et la voie de cette fin.* » Autrement dit : *La grande loi morale*, qui porte les hommes à rendre à Dieu le culte qui lui est dû ; la *loi* qui leur trace, en même temps, des devoirs respectifs d'égards, d'assistance, de services mutuels... ; « devoirs qui les préservent de la chimérique indépendance de la vie sauvage, où leur race ne pourrait que dégénérer et périr (2). »

Je m'arrête, et j'insiste à dessein sur ce mot : *Loi morale ;* parce que la Religion a pour but de diriger les *mœurs* ou *habitudes* d'un chacun suivant les règles de la *justice*, du *droit*, du *devoir*, de la *liberté* ; et, finalement, de retourner l'homme

(1) Le cardinal Guibert.
(2) A. Nicolas, l'État contre Dieu.

à Dieu, le principe et la fin de toutes choses : *Principium et finis.*

Mais ce qu'est la Religion pour le simple particulier, elle doit l'être pour la société, puisque, selon saint Thomas d'Aquin, la société n'est que l'*individu agrandi.* En sorte que la Religion, après avoir indiqué à chaque particulier des règles de conduite sûres pour toutes les circonstances de la vie, doit encore assigner à chaque institution humaine — *famille ou société* — des principes constitutionnels, c'est-à-dire lui tracer des règles capables de la diriger suivant la raison et la justice, afin qu'il y ait concorde et harmonie entre les principes constitutionnels du corps moral, et les droits et les devoirs des membres qui le composent.

Telle est la doctrine de Thomas d'Aquin, ce géant de la philosophie chrétienne.

La Religion, dit le saint Docteur, n'est autre chose qu'un lien qui nous tient attachés et sujets à Dieu, comme au premier Etre. Or, en Dieu sont réunis, comme dans leur source, tous les devoirs, toutes les obligations qui lient les hommes entre eux par le commerce d'une étroite société. Ainsi, c'est en vertu de la loi que j'ai reçue et que je me fais de servir Dieu, que je rends à chacun ce qui lui est dû : à qui le tribut, le tribut ; à qui l'honneur, l'honneur... Je suis fidèle et obéissant à mes supérieurs, respectueux enuers les grands, modstee envers mes égaux ;

j'ai de l'équité pour mes ennemis, de la modération pour moi-même, de la fidélité pour mes amis, de l'affection pour mes proches, de la charité pour tous... Pourquoi ? — Parce qu'en Dieu je trouve ce qui m'oblige à tout, et que les bases essentielles de toute société reposent en Dieu : *Omne jus, omnis potestas, omnis libertas a Deo.*

En voilà assez, je pense, pour comprendre que si la Religion n'est pas la civilisation, elle en est le fondement et la garantie. C'est d'elle, c'est des devoirs qu'elle impose, du but qu'elle assigne à la vie humaine, des rapports qu'elle établit entre les classes et les peuples que découlent tout droit, toute morale, toute justice, tout respect, tout dévouement, toute soumission, toute vertu..., sans lesquels rien de durable ne peut être fondé.

D'autre part, il n'y a pas à s'y tromper :

La Religion n'est rien sans son culte extérieur ; elle n'exerce son influence sur les peuples que par la parole et par l'exemple de ses *ministres* ; si bien que — *pratiquement* — le *prêtre* et la *Religion*... c'est tout *Un*. Tuer le pasteur c'est tuer le troupeau.

Que le presbytère soit fermé, le temple délaissé tombe en ruines, l'autel disparaît : il n'y a plus de culte, plus de Religion... Un temple sans autel, une Religion sans prêtre, ce serait un ciel sans étoiles, un tribunal sans juges, une école sans maître, un organisme sans âme, une machine privée de sa pièce maîtresse. Cela ne s'est jamais vu.

En fait, la destruction du Sacerdoce, serait la destruction de toute Religion positive et principalement du *Christianisme;* puisque c'est par le sacerdoce qu'il a été introduit dans le monde et qu'il s'y maintient; c'est par lui que Jesus-Christ se donne à la société; et, avec lui, tous les principes de justice, d'ordre, de stabilité, de liberté. Dès lors, exclure le prêtre de la société, c'est en exclure le *Christianisme*, la plus religieuse des religions, c'est rejeter cette grande liberté « dont l'Evangile est la Charte, et dont la civilisation progressive des sociétés humaines est la florai son (1). »

D'où les conséquences suivantes :

Point de *prêtre*, point de *Catholicisme;*

Point de *Catholicisme*, point de *Christianisme*: « Il n'y a de Christianisme que le Catholicisme. » (A Nicolas.)

Point de *Christianisme*, point de *Religion* pro prement dite : « Il n'y a de Religion positive que le Christianisme. » (A. Nicolas.)

Point de *Religion positive*, point de *principes d'ordre morale et social;* point de *fondement des devoirs;* et partant, point de *société*, les devoirs en étant l'unique lien. Ce qui précède l'a établi et l'argument est irrésistible.

(1) A. Nicolas.

Donc, en fin de compte :

Point de *prêtre*, point de *société* : « *Destruxisti omnes sepes ejus.* » (*Ps. LXXXVIII, v. 41.*)

La chose, croyons-nous, est patente.

Aussi :

Quand le *terrible logicien* qui s'appelle l'*Ange des ruines !* tend à bouleverser la *société* ; quand il a résolu, dans son infernale malice, de la conduire aux derniers abaissements et aux suprêmes humiliations ! le premier *homme* qu'il prend le plus immédiatement en horreur, et qu'il jette en pâture aux *férocités destructives* et aux *vices abrutissants*, comme un butin sur Dieu, le tenant de tout droit et l'aboutissant de tout devoir...

C'est le prêtre !!!

A l'imitation des sauvages, il veut couper l'arbre par le pied... Ah ! c'est que les *croyances religieuses*, sanction de la morale et bases de l'*ordre social*, étant la grande pierre d'achoppement où viennent se briser, en écumant, les flots déchaînés, il est tout naturel que le *prêtre*, qui est la *Religion* parlant au peuple, le dernier *rempart* de la conscience, le *porte-voix* de la règle sociale : *Rendez à César ce qui est à César et à Dieu ce qui est à Dieu,* » inspire aux hommes, dont le principe est l'*athéisme*, (principe destructeur, impie et *anti-social*), une haine proportionnée au désir qu'ils ont, soit de se vautrer dans l'ordure, soit de renverser l'ordre existant dans la société. Voilà pourquoi la passion que les *jouisseurs* et les *turbulents* mettent à le combattre, loin de s'émousser, s'aigrit, au contraire, jusqu'à la rage :

Homme noir ! que nous veux-tu ???

Ils ne veulent pas s'exposer à entendre le fameux : « *Non licet tibi !* » Et, à l'exemple des scribes de la synagogue, ils se disent qu'il faut empêcher le prêtre d'annoncer publiquement la vérité : *Comminemur eis ne ultra loquantur in nomine hoc ulli hominum.* »

La lumière les gêne, et ils veulent l'éteindre ! « Quiconque fait le *mal*, a dit Jésus-Christ, hait la *lumière ;* et il ne s'approche point de la *lumière*, de peur qu'elle ne le convainque du *mal* qu'il fait (1), » *Inde iræ.*

Mais, bref.

Ce n'est pas d'aujourd'hui qu'il en est ainsi.

Il y a trois journées de mille ans, les aveugles enfants d'Israël se disaient, en se rendant avec les vagabonds et les malfaiteurs dans les repaire de la débauche : « *Parce que notre vie est le* « *passage d'une ombre, que notre force soit la* « *loi de justice. Dressons des pièges au juste,* « *parce qu'il nous incommode, qu'il est contraire* « *à nos œuvres ; parce qu'il nous reproche les*

(1) St Jean, ch. II, v. 28.

« *violements de la loi, et signale les vices de*
« *notre conduite. Il nous assure avoir la science*
« *de Dieu, et se fait le détracteur de nos pensées*
« *mêmes. Voilà pourquoi il nous est odieux à*
« *voir. Il nous estime gens futiles, s'abstient de*
« *nos voies comme d'une souillure et appelle*
« *heureuse la fin des justes. Allons, interrogeons-*
« *le par l'outrage, afin d'éprouver sa patience.*
« *Condamnons-le à la mort la plus infâme* (1). »

C'est encore l'histoire d'hier.

Le Précurseur de Jésus-Christ, Jean-Baptiste, eût la tête coupée par ordre d'Hérode ; parce que le saint, avec une fermeté tout apostolique, avait reproché au monarque libertin sa conduite immorale avec l'impudique Hérodiade.

Saint Jean Chrysostome allait mourir en exil pour expirer la liberté avec laquelle il usait de la parole chrétienne.

Prétextat, de Rouen, paie de sa vie son énergique opposition aux cruautés de Frédégonde... Je passe mille traits analogues, et je reviens.

Le *prêtre* étant donc la plus haute personnification du devoir en ce monde, la terreur du désordre et la règle des mœurs, sa *vue* offusque d'autant plus que l'on se sent plus en faute. Lebiez et Barré, condamnés à mort pour avoir découpé en morceaux la femme Gilet, ne pouvaient

(2) Sagesse, ch. II, v. 14-20.

voir un prêtre sans éprouver le besoin de l'insulter. Son nom seul met en fureur tous les éclaireurs et les pionniers de l'*Antechrist!* Comme ferait un tison de feu sur une nichée de vipères engourdies par le froid.

Je ne m'arrêterai pas longtemps à le démontrer ; cela est si vrai. qu'au moment même où les *prêtres* allaient être fusillés par la *Commune*, un des chefs leur adressa ces paroles d'un cynisme révoltant : *Vous allez mourir! Vous le « méritez bien... Il y a dix-huit cents ans que « vous embêtez l'humanité!!!* »

« Ce qui compromet le plus la famille, (disait *le Temps* en 1867, 21 novembre), c'est l'influence *cléricale;* et il s'agit de savoir si le *prêtre*, qui tient encore la femme, recouvrera, par son moyen, l'empire sur la société, ou si la société achèvera de s'affranchir du *prêtre*. Au fond, c'est le sort de la France qui est en question. »

Donc : « Hardi contre la prêtraille ! s'écrie *le Mot d'Ordre*. Hors la France ces reptiles, qui sont à la fois des sangsues et des vipères !... Ces gens-là, ou on les tue, où ils vous tuent. »

« Le critérium de la Révolution, a dit Raoul Rigault, c'est la mort au prêtre. »

« Le prêtre fait la prostituée et l'esclave... Ecrasons l'infâme, écrasons l'impur ! » (*l'Anti-Clérical*, 15 février 1850.)

« Il faut pousser au *monstre!* et droit. » (*Le Réveil social*, 30 mars, 1880.)

« Assez longtemps ces *oiseaux de proie* ont tenu l'humanité sous leurs serres. » (*Le Gavroche, 1876.*)

« Il faut les chasser de l'école ; ils n'emporteront avec eux que l'asservissement des âmes... Il faut chasser ces *fous* du pays, et le pays sera tranquille. » (Le *Journal de l'École*, 1883.)

« Avec le dernier des prêtres disparaîtrait le dernier vestige d'abrutissement et d'erreur. » (*L'Ami* du *peuple*.)

« Que la première de vos obligations soit d'aigrir le peuple contre les prêtres.. Au café, au théâtre, dans les soirées, partout, travaillez à cette œuvre sacro-sainte. » (Exort. du G.·. M.·. aux viragos reçues au grade de parfaite maîtresse.)

« A tout prêtre nous disons : C'est *Satan* votre *Dieu* ! Pape, évêques, prêtres, votre parole est une parole de mensonge. » (Disc. d'Alix au Congrès de Marseille, sept., 1881.)

Mais laissons dans leur *fange*, aux carrefours du chemin, ces descriptions indécentes, ces productions ordurières, pour apprendre, d'une des gloires de l'épiscopat, où nous emporte ce torrent déchaîné de propos impies, de diatribes passionnées, d'attaques violentes, d'imputations odieuses et souvent immorales contre les *ministres* de l'Eglise catholique.

« Chez tous les peuples de la terre, disait Mgr Pie, commentant les paroles d'Hilaire de Poitiers sur les prophéties relatives au cataclysme final qui doit rouler la société aux derniers abîmes, chez tous les peuples de la terre, le *sacré* avait été placé au-dessus du *profane* ; et, chez les nations chrétiennes, l'*ordre sacerdotal* avait obtenu la prééminence ; mais quand l'Antechrist commencera à poindre ; — et il se fera connaître en ce que l'on verra les hommes du *mal* tressaillir — la suprême injure pour un homme du monde sera d'être réputé *clérical* ; tandis que la meilleure chance, le titre principal aux faveurs et aux dignités, ce sera d'avoir conservé aussi peu que possible le souci de son baptême. Le caractère propre de cette génération sera d'être *anti-sacerdotal*. Contredire, aboyer au *prêtre* sera la gloire de cette époque. »

Mgr Dupanloup écrivait, lui aussi, en 1866 : « Où allons-nous, je le demande, si ce travail d'impiété et d'immoralité continue ? Je réponds avec une profonde conviction : *Nous marchons à un cataclysme social.* »

Plus brièvement, et avec Pie IX, je dis à mon tour : « *Si on laisse faire ces forcenés, l'Europe brûlera, et l'enfer sera transporté sur la terre ! Ce sera l'empire du feu !!!* » Ce sera le règne des scélérats, « dernière conséquence de la formule gallicane : *Le règne du Christ n'est pas de ce monde.* Quand, en effet, le Christ a cessé de régner, l'enfer et ses suppôts prennent l'empire ! » et le pétrole remplace l'eau bénite...

C'est donc bien, très certainement, un symptôme

alarmant, un *lugubre épisode* de ce qu'un homme d'Etat appelait naguère : « L'*agonie d'un grand peuple !* » que l'heure présente semble être le moment choisi où les puissances ténébreuses coalisées s'attachent à faire subir au *clergé catholique* toutes les humiliations, toutes les angoisses. Non, jamais son influence n'avait rencontré plus d'obstacles ; non, jamais il n'avait été en butte à plus de calomnies, ni victime de plus de dédains.

« Le parti antichrétien qui fait à l'Eglise une guerre incessante, et qui exerce sur la génération contemporaine une désastreuse puissance de séduction, entoure le prêtre et son ministère de la haine tout à la fois la plus violente et la plus astucieuse (1). »

La mauvaise presse, ce levier si puissant pour le *mal*, sert à merveille les desseins infernaux de la secte impie.

« Frappez-le au visage ! *Vultum feri :* » tel est le cri de ralliement des fils de Bélial, le dernier mot de la grande apostasie...

Ah ! c'est bien le cas, ou jamais, de rappeler la parole du Christ aux Apôtres : « *Satan a demandé à vous cribler comme le froment sur l'aire !* » et le Christ peut bien consoler son prêtre, comme Jéhovah consola son prophète, en lui disant : *Ce n'est pas toi qu'ils rejettent ; c'est Moi, afin que je ne règne plus sur eux* (2) ;

(1) Cardinal Régnier.
(2) 1 Rois, ch. VIII, v. 7.

mais ayez confiance : j'ai vaincu le monde.
Allons jusqu'au bout.

Pour discréditer plus profondément le prêtre auprès d'un peuple *serf*, à qui on a promis un paradis terrestre au bout d'un chemin de fleurs ! pour armer contre lui toutes les passions que sa parole condamne ou que sa présence inquiète, il n'est pas de moyen qu'on n'emploie, pas de ressort qu'on ne mette en jeu, pas de tyrannie qu'on n'exerce, pas de conte qu'on ne débite... *Furor arma ministrat.*

On l'accuse de n'être plus de son siècle, d'en ignorer toutes les nécessités et les aspirations, de combattre l'esprit humain dans toutes ses franchises...

On le représente, sous les traits les plus hideux, exploitant *à son profit* toutes les faiblesses humaines ; cherchant à retenir les âmes dans l'ignorance, pour mieux les asservir ; travaillant à la conquête de tous les pouvoirs, à la destruction de toutes les libertés, à l'escamotage de nos pièces de cent sous ; troublant l'ordre par son fanatisme, ne donnant satisfaction qu'à de misérables rancunes et aux inavouables calculs d'une ambitieuse avidité...

On le dénonce, comme un *parasite* et un *corrupteur*, murmurant des infamies aux oreilles de ses pénitentes ; comme l'adversaire le plus *encroûté* du progrès moderne, se livrant à une propagande achárnée contre le gouvernement qui les *rétribue ;* cherchant à ramener la *société* à l'époque des dîmes et des corvées, comme un *monstre !* qui ne paie pas d'*impôts,* qui n'est pas *soldat*, qui ne donne pas d'*enfants à l'Etat...* ; comme la *plaie* la plus funeste de la famille et de l'école ; comme un *être sinistre*, un *être désastreux* qu'il faut poursuivre et chasser de partout... « *Qui nous « délivrera de cet homme, dont la vue suffit pour « nous empêcher de vivre en paix dans notre Ré- « publique ?* » *C'est la plaisanterie finale.*

Et tandis que ce concert infernal d'avanies et de mensonges, par la presse impie, par l'image obscène, par tout ce qui peut déchaîner des colères et des haines, se renouvelle à chaque instant, *sous toutes les formes*, et cela, à froid, sans provocation, sans motifs et sans excuses d'aucune sorte, des *malandrins*, au visage sillonné par le crime, vendus à une *secte* dont tout l'objectif est d'*éteindre le flambeau de la Foi immaculée du Christ*, le poursuivent sous ce cri farouche et stupidement bête qui a retenti, comme un écho sorti du puits *infernal !* jusqu'au sommet de nos montagnes les plus solitaires, presque sauvages :

« *Le prêtre, voilà l'ennemi !!!* »

Et à force d'entendre ces *Arias* ou *orateurs* du *mensonge* dire et redire leur refrain invariable, leur mot sacramentel : « *Le prêtre, voilà l'ennemi !* » la foule, qui est le nombre ; et le nombre, qui est la force ; et la force, qui est l'*anarchie*, c'est-à-dire le *renversement* ; et l'*anarchie*, qui est la proclamation des *droits de la raison*, contre les *droits de Dieu*.., en a cru d'abord quelque chose, puis un peu plus, puis tout.., même l'*absurde*, même l'*incroyable* ; (on ne s'arrête pas à l'*abîme*, on y tombe). Et le *prêtre* est devenu pour le *peuple philosophe*, comme la sombre image de tout le *mal*, comme l'*ennemi* qu'il qu'il faut combattre et fuir :

Homme noir ! que me veux-tu ???

O religion sainte ! ô France ! ô patrie ! ô pudeur ! ô bienséance ! ne fût-ce pas comme chrétien, je pleurerais encore comme *citoyen*...

Le prêtre, l'ennemi ?...

Est-ce bien vrai, cela ?

Je le demande à toi, *ouvrier* son frère ; à toi, homme des champs, homme de l'atelier, homme des positions laborieuses, modestes ; car, tu dois le connaître un peu, *le prêtre* de Jésus-Christ... Comme toi, il est né dans le berceau du *pauvre*, sous l'humble toit d'une *chaumière*.

Je le demande à vous, *beaux messieurs du monde*, à vous qui, pour des préjugés, pour des chimères, pour des querelles de parti, pour des passions peut-être, nourrissez contre lui les plus odieuses préventions, l'accueillez avec froideur, lui fermez vos oreilles, le regardez avec colère, lui jetez en passant votre mot d'insulte : *Homme noir ! que me veux-tu ?...*

C'est pour vous encore qu'il a fait le sacrifice de sa fortune, de sa liberté et quelquefois de sa vie ! C'est pour vous servir qu'il a dit adieu aux horizons aimés de son enfance, à son vieux père en cheveux blancs, à sa pauvre mère en larmes ; endossé la *tunique* du Christ, cette *soutane incommode*, qui lui attire si souvent les sourires de la foule : *Homme noir ! que me veux-tu ?...*

Le prêtre, l'ennemi ?

Et en quoi, s'il vous plaît ?

Je le demande à vous, *philosophes de cabaret, hérauts des viles besognes*, qui allez de carrefour en carrefour, criant à tue-tête, comme les Juifs à Pilate : « *Nous voulons qu'il soit condamné !* Tolle ! tolle ! Crucifigatur !!! »

Je le demande à vous aussi, à vous que les hasards de la politique ont faits, pour un temps, les dieux de la terre, *barbouilleurs de lois*, qui lui interdisez, comme à un *lépreux !* jusqu'à l'entrée des édifices publics, le chassez de partout, comme un danger social...

A vous enfin, *Justiciers de la Révolution*, qui seriez bien aises de devenir *valets de bourreaux*, pour le traîner sur la planche fatale, comme en 93 ; ou *exécuteurs d'otages*, pour le faire servir de *cible à vos balles*, comme sous le règne de la *Commune*.

Oui, tous, depuis l'*honnête homme* jusqu'au détrousseur de grand chemin, ce monstre capable de tout oser, même l'assassinat ! Tous, je vous appelle au tribunal de l'histoire, au tribunal des *faits constants*, *généraux*, *universels*, et vous adjure d'exposer vos griefs, de nous dire hautement et sans réticence aucune, ce que vous savez sur le compte du *prêtre catholique*, cet homme étrange dont la vue seule donne, à vous, *preux chevaliers*, des peurs d'*enfant*.

Voyons, un peu de courage, un peu de franchise : de quoi vous plaignez-vous ? quel mal a-t-il fait ? de quel crime s'est-il rendu coupable ?

Le moins que vous puissiez accorder à celui dont vous méditez la perte, c'est, à coup sûr, de lui révéler le motif de son immolation ; et c'est le droit de la *victime* de dire au *bourreau* qui le frappe : *Pourquoi me frappez-vous ?*...

Mais permettez :

Le *mal* que le *prêtre* a fait ou qu'il peut faire, les *crimes* qu'il a commis, autant que le pourra ma faiblesse, et sans me laisser effrayer par tout ce tapage, je veux, tout d'abord, vous le dire moi-même loyalement, sans colère, sans ironie; et, si Dieu me donne les *lumières* et la *vaillance*, avec la certitude d'être entendu et compris (1). « *Ostendam tibi, audi me; quod vidi, narrabo tibi.* » (Job, XXI, 14.)

(1) Je tiens à faire observer ici que, dans cette brochure, le mot *prêtre* est pris généralement pour le corps sacerdotal tout entier ; de même, ce que nous avons à examiner, ce ne sont pas les faits individuels, c'est-à-dire considérés chez tel ou tel individu, mais uniquement les faits généraux, pris dans leur ensemble et se rapportant à tout le clergé, comme ne formant qu'une personne morale.

MON CHER LECTEUR,

Avant de nous engager dans le fond du débat, il est à propos de nous arrêter un instant, pour pleurer nos larmes sur l'état d'affreuse dégradation où se trouvait l'humanité, au point de vue *social, moral et religieux*, avant Jésus-Christ et avant ses prêtres, sans Jésus-Christ et sans ses *prêtres*...

En trois mots, c'était partout :

1° *Sous le rapport social-humanitaire*, d'un côté, des maîtres impitoyables, et, de l'autre, de malheureux esclaves en qui on reconnaissait à peine la dignité d'homme...

2° *Sous le rapport moral*, le culte des joies infâmes et des instincts bestiaux...

3° *Sous le rapport religieux*, la déification des rêveries les plus grossièrement ridicules et très souvent les plus cruelles.

Etat social-humanitaire.

Quand le *prêtre* reçut du Christ la glorieuse mission de parcourir la terre pour inviter les hommes à la connaissance de l'*Evangile*, toute cette masse qu'aujourd'hui nous appelons le « *peuple* » n'était, aux trois quarts, qu'une propriété vivante uniquement employée à repaître les cupidités de quelques favoris de la fortune. Et combien triste était la condition des esclaves! Leur seule définition légale en révèle toute la misère : *Moins nul, que vil*; Non tam nullus, quam vilis. Le sixième livre d'Hécaton est rempli de questions comme celle-ci : « *Que sacrifiera-t-on d'un cheval de prix, ou d'un esclave de moindre valeur?* »

On frémit en pensant aux cruautés qu'on exerçait à leur égard. Les moins malheureux travaillaient dans les champs, attelés au joug ; les plus misérables expiraient dans les mines, sans voir la lumière du jour ; les plus forts combattaient et mouraient dans les cirques.

C'était peu qu'à Lacédémone on battît de verges les Ilotes à des époques réglées, pour qu'ils n'oubliassent pas leur condition ; on les avilissait par l'ivresse, pour servir d'instruction aux Spartiates, qui, les regardant comme des bêtes fauves destinées à servir de but à leurs amusements, se faisaient un jeu de les tuer, pour s'exercer au métier de la guerre. Que vous dirai-je? L'homme esclave était si peu aux yeux de l'homme libre, qu'on l'égorgeait pour égayer les festins, pour passer le temps, pour mettre plus de vérité dans les représentations tragiques ; et nul ne s'en plaignait. Toutes les infamies, même celles contre nature, commises sur les esclaves de divers sexes, n'étaient soumises à aucune pénalité...

La condition de la femme, à certains points de vue, était peut-être plus lamentable encore. Pour elle, en effet, il n'y avait ni respect, ni justice, ni humanité... C'était, non pas la compagne de son époux, mais un être faible, dominé par un plus fort; une *chose* que ce tyran domestique pouvait vendre, acheter, prêter, assommer, comme l'on fait pour une tête de bétail. Et l'exemple en était donné par les plus grands personnages. Ainsi : Caton cède sa femme à l'opulent Hortensius, pour une somme d'argent ; Augustus Métellus fait périr la sienne à coups de bâton ; Mécène se marie et divorce cent fois ; Auguste enlève Livie à Tibère Néron ; etc...

A Biblis, les pères et les époux prostituaient leurs femmes et leurs filles à leurs hôtes, pendant les repas.

Chez beaucoup de peuples, un usage barbare autorisait la destruction des enfants, *même avant leur naissance* ; chez d'autres, on les donnait en pâture aux lamproies, sitôt qu'ils avaient vu le jour ; ailleurs, on les jetait sur le bord des chemins, où des loups venaient ensuite les dévorer ; plus loin, on les réservait à des usages abominables... Les Lacédémoniens les étouffaient. Les Phéniciens les brûlaient dans les flammes.

Lycurgue, tant vanté pour la sagesse de ses lois, vouait à la mort tous ceux qui ne paraissaient pas assez robustes pour devenir plus tard de bons tueurs d'hommes...

Enfin, croyez-m'en :

Depuis l'endroit où le soleil se lève jusqu'à l'endroit où il se couche, nulle part le malheureux n'avait un consolateur. Jamais une larme, jamais une émotion pour l'infortune, dans l'étendue du monde entier. On est vraiment étonné, quand on lit dans les historiens du temps ce que furent, sans Jésus-Christ, les hommes réputés les plus doux, les peuples les mieux policés. Un mot d'un César romain, sur les pauvres, résume tout : « *Ils nous sont à charge.* » Le problème de la misère se traitait à coups de trique ! Plaute va jusqu'à dire : que « *c'est rendre service au mendiant, que de le laisser mourir de faim.* » D'après le tendre Virgile, ce chantre de la nature et des travaux innocents : « *L'habitant des campagnes ne doit point compatir au sort des indigents : Nec miseratus egentem est.* » Dans son livre de la *Clémence*, Sénèque, à qui Rome doit ses plus beaux traités de morale, ose enseigner que « *la miséricorde est une lâcheté, dont les honnêtes gens doivent se préserver : Boni misericordiam vitabunt.* » Il en vient jusqu'à dire qu' « *elle n'est familière qu'aux plus méchants : Pessimo cuique familiarissima.* » L'empereur Marc-Aurèle, un des plus doux génies du paganisme, déclare que,

« *Pleurer avec ceux qui pleurent, est une faiblesse impardonnable.* »

Aussi, était-ce partout une dureté de cœur et un mépris de l'humanité tels, que nous pouvons à peine concevoir des mœurs si viles et si cruelles. Citons deux exemples :

Volusius, proconsul d'Asie, après avoir fait décapiter 300 hommes pour se divertir, se promenait au milieu des cadavres ensanglantés de ses victimes, comme s'il venait d'accomplir l'œuvre la plus glorieuse ; et on l'entendit s'écrier : « *Oh ! la belle chose !!!* » (Sen., *de la Colère*, liv. II, ch. IV.)

Celse raconte que des chirurgiens, par un atroce amour de leur art, allaient jusqu'à disséquer les corps vivants. Ils attachaient leur victime sur une table, lui entraient le fer dans les chairs avec précaution, enfonçaient doucement leurs mains dans ses entrailles palpitantes, arrêtaient l'effusion du sang, prolongeaient son agonie par des boissons fortifiantes, refermaient ses blessures pour les rouvrir ensuite, et la faisaient enfin mourir, goutte à goutte, dans les plus affreuses tortures... Le célèbre Hérophile, médecin grec, disséqua de la sorte *six cents individus*.

La guerre n'avait pour loi que le cri sans pitié : « *Malheur aux vaincus !* » Ce qui glace le cœur, c'est le sang-froid des Césars, dans leurs récits de destruction : « *La ville entière fut livrée aux flammes... Les habitants furent passés au fil de l'épée, femmes, enfants et vieillards... On en tua dix mille... trente mille... cent mille... Le reste fut vendu à l'encan...* » Témoins les saccagements de Numance, par le dernier Scipion, — des bourgs des Marses, par Germanicus, — de Jérusalem, par Tite, — de Sagonte, par Annibal, — de Sidon, par Darius-Ochus, — de Tyr, par Alexandre... L'illustration des chefs vaincus était toujours un motif de condamnation à mort. Titus lui-même, surnommé les délices du genre humain, autorisait ses soldats à s'exercer au tir en perçant de flèches les prisonniers de guerre...

Le plus vaste édifice du monde païen était l'*amphithéâtre*, où des milliers de gladiateurs étaient condamnés à périr, pour la satisfaction de joies infâmes ! Là, nulle pitié. Des fers ardents et des coups de fouet forçaient à se battre les malheureux qui hésitaient en face de la mort ; et ceux qui échappaient le matin aux dents des bêtes étaient obligés de combattre le soir, sans aucune arme, pour rassasier des spectateurs qui mettaient leur plaisir dans le bruissement du sang et le râle de l'agonie...

Après les jeux, un jeune homme, déguisé en Pluton, entrait dans l'arène pour achever à coups de maillet les victimes qui respiraient encore ! Puis, de beaux esclaves venaient avec des râteaux retourner la poussière ensanglantée ; tandis que des tuyaux, ménagés avec art, versant sur le spectateur une rosée odorante, rafraîchissaient l'air et corrigeaient l'âcreté du sang.

Auprès des antres du trépas, sous une des arcades de l'amphithéâtre, s'élevait un lieu de prostitution, que désignait un emblême impur. Des courtisanes *nues !* et des femmes au *regard provocateur !* augmentaient encore l'horreur du spectacle !...

Ah ! ma main frémit, en écrivant ces choses ! Et cependant, plus affreux cent fois le joug sous lequel étaient ployés l'esprit et le cœur !

Au point de vue moral et religieux.

L'orgueil, la haine, l'intérêt, le plaisir... s'en disputaient la possession, et exerçaient sur eux un impitoyable et tyrannique empire.

Ce qui remplissait l'imagination et faisait tout le fond de la vie, c'était de trouver le meilleur moyen de satisfaire les instincts les plus bestiaux, les passions les plus dégradantes. Les Perses épousaient leurs mères ; et les Athéniens, leurs sœurs ! Bref, on voyait à la lumière du soleil ce que l'on cache dans les ténèbres, ce que l'honneur de notre langue me défend de nommer : « *Et in conspectu populi usque ad satietatem impudicorum....... detinentur meretri-*

ces » (1). Sénèque rapporte que, de son temps, des troupes de petits enfants étaient réservés aux outrages pour la fin de certains repas. La loi Scantinie exceptait toutefois de cette prostitution les garçons de condition.

La Religion n'était qu'un amas confus d'extravagances, de cruautés et d'infamies... L'idée même de la divinité était tombée si bas, que l'on croyait honorer les dieux immortels en introduisant dans leur rang des *valets hébétés*, comme *Antinoüs;* des *courtisanes* sans pudeur, comme *Aca, Laïs, Lamie;* des *scélérats*, comme *Trophonius*; des *fratricides*, comme *Ixion;* et jusqu'à des *bêtes!* comme le chat *Œlurus*, le chien *Agriodos*, la chèvre *Amalthée*, le cheval *Actéon*, le bœuf *Apis*, le bouc *Azazel*.

Neuf villes d'Egypte adoraient des crocodiles; *Péluse et Cassium*, — des oignons; *Oxinrinchus*, — un brochet; *Lycopolis*, — un loup; *Buto*, — des musaraignes; *Héracopolis*, — une belette; *Babylone*, — un singe; *Chuse*, — une vache; *Saïs*, — une chouette; *Thèbes*, — un aigle; *Taposiris*, — la moutarde; *Lépidotum*, — une carpe; quelques *Orientaux*, — le soleil, la lune, les astres; *d'autres*, — une peau d'ours; *ceux-ci*, — un petit lézard; *ceux-là*, — des scarabées qui fouillent dans l'ordure; nos *Gaulois*,

(1) Lact., *de falsa religione*.

— les lacs, les fontaines, et spécialement les chênes, dont ils mangeaient le gland. En quelques endroits, on rendait un culte à *Béelzebub*, le *dieu-mouche !* En d'autres lieux, on se courbait devant *Asima*, le *dieu-bouc !* Ailleurs, on adorait l'astre de *Rempham*, le *dieu moitié homme, moitié poisson !* etc. ; etc...

Il nous faudrait tout un gros livre, pour énumérer les dieux inventés par le paganisme. Hésiodore en compta jusqu'à trente mille ! Et, chaque jour, on en imaginait de nouveaux encore.

Ainsi, on fit un dieu d'Esculape, pour avoir inventé la médecine ; — de Bacchus, pour avoir découvert la vigne ; — de Cérès, pour avoir enseigné aux hommes à se nourrir de pain ; — d'Esterce, pour avoir appris à fumer les champs ; — d'Hercule, pour avoir délivré la terre de quelques monstres ; — de Flora, pour s'être enrichie par un commerce honteux...

Antoine et Marc-Aurèle dressaient des autels aux prostituées qui leur avaient servi de maîtresses, et obligeaient de jeunes mariés à leur offrir des sacrifices... Mais que dire d'un Janus, à double face ; — d'un patricide Saturne, avalant une pierre, croyant manger son enfant ; — d'un voleur Mercure, enfantant un dragon ; — d'une Minerve, protégeant la canaille ; — d'un incestueux et sodomite Jupiter, revêtant toutes les formes pour assouvir ses passions ; — d'un Buthène, exigeant que ses adorateurs l'accablent d'injures ; — d'un Pan, aux pieds de bouc ; — d'un Bouto, allaitant deux crocodiles ; — d'un Thoth, à tête d'âne ; — d'un Tlaloch, aux grosses dents ; — d'un Vitzlipultzi, aux ailes de chauve-souris ; etc., etc...

Et sur les autels de ces idoles que l'on venait de cuire au four ou de fabriquer sur l'enclume, en l'honneur de ces dieux, qui se maudissaient et se détestaient eux-mêmes, on brûlait de l'encens, et on offrait des sacrifices humains.

Dans la Tauride, la farouche Diane Orthosie se repaissait de chair humaine ; tandis que les Lacédémoniens fouettaient cruellement leurs enfants pour lui offrir du sang.

Aux dieux des druides, dans la Bretagne, la Gaule, la Germanie, il fallait du sang humain ! Aux dieux des Romains et de l'Orient, — du sang humain ! Aux dieux de la Grèce, — du sang humain ! Aux dieux de partout, — du sang humain ! De la chair humaine !...

Qui oserait raconter les cérémonies des *dieux immortels* en leurs mystères impurs ?

Leurs amours, leurs cruautés, leurs jalousies et tous les excès étaient l'objet de leurs fêtes et des hymmes qu'on leur chantait.

Le cérémonial le plus usité et le plus solennel chez les *Celtes* ou *Gaulois* était aussi le plus affreux. On construisait, en osier ou en foin, un immense colosse, à figure humaine, qu'on remplissait d'hommes vivants ; on le plaçait sur un bûcher et un prêtre y jetait une torche brûlante... Bientôt le colosse disparaissait dans des flots de flammes. Le chant des prêtres, la musique des bardes, les acclamations de la foule couvraient les cris déchirants des victimes.

Au Mexique on étendait sur l'autel la personne destinée à être sacrifiée ; quatre prêtres de l'idole tenaient le malheureux par les bras et par les jambes, un cinquième lui saisissait le cou avec un fer recourbé : le sacrificateur ouvrait ensuite la poitrine de la victime, et se hâtait d'en arracher le cœur tout vivant. Le grand-prêtre en exprimait le sang sur les lèvres de l'idole...

Dans l'Amérique septentrionale, le souverain qui montait sur le trône, sacrifiait une jeune fille aux crocodiles, dont il se disait le fils. D'autres peuples avaient d'autres coutumes pour les sacrifices humains. Les Ottonites en vendaient la chair en lambeaux sur le marché. Les Tlascaltèques assommaient avec des massues les hommes attachés à un poteau. A la fête de Teteïman, la mère des dieux, on coupait la tête à une femme sur les épaules d'une autre femme. A la fête appelée l'Avénement des dieux, on brûlait des hommes ; tandis qu'à Tlalot, le dieu des eaux, on noyait de petits enfants dans un lac.

A quelques journées de Calcutta, chez les Khounds, le prêtre conduisait la victime sur le lieu qu'il déclarait être le plus agréable à la déesse de la Terre. Il commençait, tout d'abord, par lui briser les os des bras et des jambes; puis il fendait un tronc de bois vert par le milieu, et introduisait le corps du patient entre les deux moitiés, dont il liait les bouts avec des cordes. Le prêtre frappait alors la victime de la hache dont il était armé; et tous les assistants se précipitaient sur elle, en poussant des cris farouches, la dépeçaient, et chacun emportait chez soi un morceau de chair.

Au rapport de Plutarque, les Carthaginois immolaient leurs propres enfants à Saturne ou Moloch ; et les riches qui n'en avaient point, achetaient ceux des pauvres, pour les égorger comme des poulets. La mère était là, l'œil sec et le front serein...

Les Scandinaves offraient à leurs dieux, chaque neuf mois, un sacrifice de cent personnes.

L'empereur romain Héliogobale faisait enlever pour ses sacrifices les enfants des familles les plus nobles, principalement ceux qui étaient les plus chers à leurs parents, afin de mériter, en excitant plus de pleurs et de regrets par ce raffinement de barbarie, les faveurs des cruelles divinités de l'enfer.

Aux Indes Orientales, il était d'usage d'ouvrir, à certaines époques de l'année, la poitrine d'un des plus beaux enfants du pays, et de lui enlever le cœur pour en aller oindre la face de l'idole.... Dans son livre : *Les Germains avant le Christia-*

nisme, F. Ozanam nous dit, à la page 93, que ces peuples immolaient leurs vieillards, et faisaient ensuite de leur chair un festin sacré...

Ce n'est pas tout.

Pour honorer Moloch, le dieu de Tyr, de Sidon et de Carthage, il fallait des actions déshonnêtes! Pour honorer Vénus et Isis, les déesses des Romains, des Grecs et des Egyptiens, — des actions déshonnêtes! Pour honorer Bel, le dieu de Babylone, Milytta, la déesse des Assyriens, — des actions déshonnêtes! Pour honorer les dieux de partout, — des actions déshonnêtes!...

Le plus grave des philosophes, Platon, défend de boire avec excès, si ce n'est aux fêtes de Bacchus et en l'honneur de ce dieu. (*De lege*, 1, VI.)

A Babylone, toutes les femmes devaient, *une fois au moins dans leur vie*, se livrer aux étrangers dans le temple de Mylitta. Et lorsqu'un homme voulait se rendre favorable la déesse Vénus, par quelque chose qu'elle aimât, il ne trouvait rien de mieux que de lui prostituer publiquement l'innocence de ses enfants.

Souvent même, c'était dans les temples que se commettaient les crimes les plus contre nature. Strabon raconte que le sanctuaire de Vénus à Corinthe entretenait, à lui seul, plus de mille prostituées! Et c'est, ajoute l'historien, ce qui attirait tant d'étrangers dans la ville... Certains dieux, ceux des Brahmanes entre autres, avaient dans leurs paradis des jeunes filles ravissantes, des Apsaras ou nymphes, d'une beauté merveilleuse, qu'ils envoyaient sur la terre pour séduire les mortels. A la bonne heure !

Ovide n'aurait pas voulu que les jeunes filles allassent au temple de Jupiter, parce qu'on y voyait combien de mères a fait ce Dieu : « *Quam multas matres fecerit ille deus.* »

Aristote, après avoir blâmé toutes les images malhonnêtes, en excepte celle des dieux qui veulent être honorés par des infamies. Aussi, l'immodestie de certains emblêmes religieux, promenés triomphalement par les dames des plus illustres familles, et portés au cou par les indiennes, était si dégoûtante, que je n'ose employer les expressions qui la rendraient. On ne peut lire sans rougir non plus toutes les horreurs qui se passaient aux fêtes d'Astatré, Flora, Adonis..., où l'on voyait les femmes publiques, dont ces déesses avaient été la gloire, s'en aller, toutes nues ! aux yeux du peuple et en proférant des paroles obscènes, organiser des danses impures devant les autels de la divinité...

Telle était l'humanité, *sous le rapport social, moral et religieux*, avant Jésus-Christ, sans Jésus-Christ.

C'était l'empire de Satan !...

Et maintenant.

Ce monde, tout entier aux grossières superstitions, aux voluptés infâmes, aux habitudes sanguinaires aux mystères impurs... qui l'a ramené à la raison, à la pudeur, à l'humanité, à la sainteté ?...

Pourquoi n'avons-nous plus ces sacrifices humains qui, si longtemps, rougirent les torrents de nos montagnes et les fleuves de nos plaines ?...

Qui a renversé ces autels où nos pères prostituaient leurs encens à des divinités ridicules ou cruelles ?...

Comment les esclaves sont-ils devenus libres ?...

D'où vient que là, où des fantômes d'hommes vivaient semblables à des dragons féroces, et dont toutes les aspirations étaient pour le meurtre, le sang et le pillage, on a vu se former une famille de frères, compatissants et tendres, comme la miséricorde ; inflexibles, comme la justice ? « *Justitia et pax osculatæ sunt.* »

Enfin,

« *Toute cette épouvantable machine !* comme l'appellait Montaigue, qui a pu la dégager des étreintes de la barbarie et la mettre sur la voie de la civilisation la plus féconde et la plus complète, où, après dix-huit siècles de progrès, elle marche si virilement encore ?...

Quel est ce mystère ?...

A qui faut-il en faire remontrer la reconnaissance ?...

Nations de la terre, bénissez les *prêtres du Christ !...* C'est à eux que vous devez la grande œuvre de votre régénération et de votre délivrance ! ! !

Ecoutez l'histoire de l'émancipation.

LE SAUVEUR

C'était le jour même où César-Auguste, voulant savoir sur combien de têtes s'étendait sa puissance, faisait le dénombrement d'un empire qui avait *neuf fois* l'étendue de la France, près d'un bourg de la Judée. sous l'humble toit qui abritait les troupeaux du désert. Une *Vierge* de race noble enfantait son *premier-né !* lorsque, sur le berceau du beau *petit* — que le ciel nomma *Jésus !* c'est-à-dire *Sauveur*, les anges chantèrent :

« *Gloire à Dieu ! paix aux hommes !!!* »

Au bruit de cette harmonie céleste, les *infernales cohortes* hurlent d'épouvante ! Et le *Maudit* des anciens jours, *Satan*, appelé le « *Mauvais-Vouloir* », ourdit un complot exécrable, vouant à la mort le *bel enfant* envoyé pour détruire l'empire du *Mal*, et retourner au fond des sombres demeures le *Prince de ce monde : Princeps hujus mundi ejicietur foras.*

Mais contre la sagesse de Dieu la ruse du *serpent* ne peut rien. La *Fleur divine* échappe aux fureurs de la tempête ! Et l'*Emmanuel*, celui-là même qui du fond des éternités préparait la *terre !* et qui un jour « secouera le *ciel* pour en en faire tomber les étoiles », croissait et se fortifiait. Il était plein de sagesse, et la grâce de *Jéhovah-Sabaoth* était en lui...

Comme le « *beau petit Jésus !* » tout en faisant des jougs de bœufs et des bois de charrue dans l'atelier du charpentier *Joseph*, était devenu célèbre et de *taille d'homme*, un *solitaire*, vêtu de peau de bête et portant autour des reins, une ceinture de cuir, envoya deux de ses disciples, lui demander s'il était le *Sauveur* des nations, le *Notzer*, enfin, venu pour briser la *table de nos crimes* et laver nos *péchés* dans sa *miséricorde*... Et, à l'heure, *Jésus* guérit de leurs maladies, ainsi que des malins esprits, une multitude de personnes ; rendit la vue à un grand nombre d'aveugles. Puis, répondant, il dit : « Allez rapporter à Jean ce que vous avez vu et « entendu : les aveugles voient, les sourds en« tendent, les muets parlent, les boiteux mar« chent, les lépreux sont guéris, les morts res« suscitent, les pauvres sont évangélisés... »

Cependant le *Thaumaturge* avait pu se ramasser, de ci, de là, en passant auprès du fisc ou sur le bord des lacs, douze hommes d'obscure naissance, qu'il appela *Apôtres ;* et il les instruisait, disant : « Vous êtes le sel de la terre.. Vous « êtes la *lumière du monde* ; et l'on n'allume pas « une *lampe* pour la tenir sous le boisseau, mais « sur le chandelier, afin qu'elle *éclaire toute la* « *maison*... Toute la *puissance* m'a été donnée ; « cette *puissance* je vous la donne : allez *instruire* « *toutes les nations*, les baptiser et les soumettre « à mon *empire*... Ne prévoyez ni vos discours, « ni vos actes ; je serai là, toujours, vous inspi- « rant ce qu'il faudra dire ou faire... »

C'est bien !

Quelques jours se passent ; le *Nouvel Adam*, la *Source de vie*, est condamné par une race maudite, à subir l'infamie d'un supplice d'esclave !

Ce fut à la troisième heure que les *valets d'Hérode* clouèrent sur un *gibet de scélérat !* le Dieu qui, d'une parole, fit sortir la lumière du berceau des ténèbres, et l'Univers des profondeurs du néant !...

Et ceux qui passaient devant le chargeaient de malédictions en secouant la tête et disaient : « *Si tu es le Fils de Dieu, descends de la croix.* »

Le peuple, qui s'était arrêté pour le regarder, le menaçait du poing, en murmurant le mot d' « *infâme* ! »

Les princes des prêtres, avec les scribes et les anciens, disaient en ricanant : « *Il a sauvé les autres et il ne peut se sauver lui-même.* »

Les soldats aussi se moquaient de *Lui ;* car,

s'approchant, ils lui présentèrent du *vinaigre...*

Et devant les outrages de cette crapule en délire ! l'*Homme-crucifié* se taisait...

Une fois pourtant que le sang coulait plus abondant de ses plaies ! on l'entendit murmurer tout bas : « *Mon père, pardonnez à mes bourreaux ! Ils ne savent ce qu'ils font...* » Et, baissant la tête, il rendit l'esprit : « *Et inclinato capite, emisit spiritum.* »

Ici finit la *puissance des Ténèbres*. Alleluia !!!

Jésus de Nazareth ne faisait que d'expirer, lorsque la terre trembla, les pierres se fendirent, le voile du temple se déchira, les tombeaux s'ouvrirent... Et ceux qui étaient là, voyant ces prodiges, s'en allaient en se frappant la poitrine.

Cependant, comme il fallait songer à la sépulture de l'*Homme-Crucifié*, l'idée en vint à deux hommes, qui achetèrent un linceul dont ils l'enveloppèrent, après l'avoir ôté de la croix. Puis, sur le soir, ils le déposèrent dans un sépulcre nouvellement taillé dans le roc, pensant qu'il en serait de cet homme comme d'un autre homme.

Attendez !

Dès le grand matin du troisième jour, pendant que le ciel chante : « *Alleluia !* », sans bruit ni éclat, sans effort ni brisement de pierre, n'ayant souci ni des sceaux de l'empire, ni des gardes du roi, et en moins de temps qu'il n'en faut pour le dire, le grand *Infirme,* ce rebut du peuple, ce jouet des plus petits, ce fils du charpentier... sort glorifié du tombeau en jetant à la mort cette ironie sublime :

« *O mort, où est ta victoire !* »

Enfin !

Le *Ressuscité* se montre aux disciples qu'il avait choisis ; les mena, hors la ville, sur le Mont des Oliviers ; et, levant les mains, les bénit ; et, en les bénissant, il se sépara d'eux, pour monter au Ciel où il est avec le Père, rayonnant d'une gloire immortelle en une sainte extase d'amour..

Les Apôtres.

Il y avait dix jours de cela quand, un dimanche, au milieu d'un bruit qui imitait la foudre, l'*Esprit* de Dieu marqua son *signe* sur le front des Apôtres, en même temps qu'il les remplissait d'une vertu surnaturelle.

Cette fois, c'en est assez.

Embrasés d'une flamme sainte, et le fardeau de l'*Evangile* sur les épaules, comme ces *Etres* mystérieux dont parle Ezéchiel, ils s'élancent, plus rapides qu'un fleuve, où l'action du souffle inspirateur les pousse, pour arroser la terre des flots purs de la céleste doctrine, et porter jusqu'aux limites du monde le *Nom* et la *gloire* du Seigneur le Dieu des armées.

Ni les déserts brûlants, ni les côtes barbares,

ni la mer et ses écueils, ni les commotions du globe, ni l'habileté humaine, ni les coups de force, ni les torrents de sang, ni la faim, ni la soif, ni la nudité, ni tout ce que les puissances ennemies coalisées peuvent inventer de supplices... rien ne décourage, rien n'arrête ceux que Dieu envoie à la conquête des âmes.

La Grèce, l'Asie-Mineure, la Scythie, la Perse, l'Italie, la Gaule, l'Espagne, l'Afrique... s'ébranlent au bruit du tonnerre de leurs grandes voix et disent au Christ : « *Vous serez notre Dieu et notre roi, notre législateur et notre juge!* »

Et dix mille fois dix mille idolâtres brisent les simulacres qui étaient leurs dieux, embrassent avec ardeur la *Vérité chrétienne* et confessent l'*Homme-Crucifié*, comme le seul Seigneur vivant, et véritable; gardant la miséricorde jusqu'à mille générations; donnant à l'esclave la conscience de son âme, au pauvre le sentiment de sa dignité, au riche la conviction de son néant; apprenant à tous à bien vivre et à bien mourir. « *Vicit iter durum pietas.* »

Les Prêtres.

Les *Bateliers* du Jourdain sont morts à la peine : les uns, plongés dans l'huile bouillante : d'autres, broyés sous la dent des bêtes ; ceux-ci, décapités ; ceux-là écorchés vifs ou mis en croix.

N'importe ! sous la bénédiction de leur martyre, d'autres *Apôtres* se lèvent pour continuer l'œuvre d'affranchissement et de salut, pour ramener au *Maître* les *Elùs* encore tout frémissants de *fureurs et de voluptés*.

Intrépides pionniers du Christ, les *prêtres*, toujours *Apôtres*, jettent des clartés redoutables à toutes les erreurs, à tous les vices, à tous les emportements illicites ; et, à leur voix, coup sur coup, il s'opère de nouveaux prodiges :

Le prodige de la *faiblesse*, triomphant de la *force* ;

Le prodige de la *pauvreté*, triomphant de la *richesse* ;

Le prodige de l'*amour*, triomphant de la *haine* ;

Le prodige de l'*abnégation*, triomphant de l'*orgueil* ;

Le prodige de la *sainteté*, triomphant de la *corruption* ;

Le prodige, enfin, d'une parole : « *Vous êtes tous Un en Jésus-Christ*, » brisant toutes les barrières qui séparent les peuples et les individus.

Et l'*Orient* dit à l'*Occident* : « Venez, allons ensemble à la *Montagne* de Jéhovah, à la *Maison* du Dieu de Jacob ; il nous instruira de ses voies et nous marcherons dans ses sentiers...

Et les terribles Sarmates se dépouillent de leur férocité naturelle, reçoivent sur la tête la goutte d'eau du baptême, et se distinguent par la bienfaisance et l'humanité.

Et les fiers Sicambres, qui, jusque-là, semblaient n'exister que pour le désert et ne vivre que de barbarie, deviennent des exemples de piété et une *couronne de fer* pour leur *nouvelle mère*...

Et les habitants des régions glacées de la Scythie sont dévorés par les ardeurs de la *Foi*...

Et la blonde et resplendissante armée des Gètes porte fièrement les livrées de l'*Eglise*...

De ce moment, il y eut des *amours* pour toutes les *misères*. et des *misères* pour toutes les *amours*.

Et de jeunes filles, belles et pures, comme les rayons du jour, détournant les yeux des brillantes voluptés où leur propre cœur les convie, s'en vont mendier les restes des riches, pour en nourrir les vieillards ramassés sur le pavé des rues...

Et des hommes, élevés dans la mollesse et l'opulence. se dépouillent en faveur des indigents, servent à table les pauvres et les étrangers (1).

Et des veuves, redevenues vierges malgré l'accablant fardeau de leurs souvenirs, soignent les malades, se partagent les orphelins, s'acharnent

(1) Ces maudits Galiléens, disait Julien, ne se contentent pas de nourrir leurs pauvres : ils nourrissent encore les nôtres.

à toutes les infortunes, lavent les plaies des lépreux et des infirmes...

Et il se lève toute une légion de héros. trésors de Dieu ! qui, n'oubliant qu'eux-mêmes, volent vers tout ce qui souffre ; poussant le dévouement jusqu'à prendre la place de galériens, pour les rendre à leurs familles ; jusqu'à se rendre esclaves, pour délivrer les fils de pauvres veuves ; jusqu'à s'enfermer avec les fous et les idiots par amour pour Jésus-Christ. Témoins les Vincent de Paul, les Jean de Dieu, les Pierre Clavel, les Jean de Matha, les Paulin de Nole, les Auteur de Metz (1), etc., etc...

Enfin, c'est fait, bravo !

La terre entière est remplie de la connaissance du vrai Dieu, comme la mer, quand elle franchit au loin ses limites.

Et nous avons vu des multitudes vagabondes qui campaient sous des tentes, ou perdues au sein de l'Océan, apprivoisées par la loi sortie de Sion, graver sur les obélisques et sur les monnaies la devise triomphale :

Le Christ est vainqueur !

Le Christ commande !

Le Christ règne !

« Et la croix rédemptrice a orné nos places publiques, nos tribunaux, » la couronne des rois, la poitrine des braves...

(1) Il partagea la captivité de tout son troupeau, dont il obtint la délivrance.

Alors, son Vicaire, le Pontife romain, le Docteur infaillible, a porté le *Trirègne*.

Alors, a reçu son accomplissement cette parole du Libérateur des peuples :

« *Quand je serai élevé, j'attirerai tout à moi.* »

Alors, tous, nous avons pu nous écrier en chœur :

« *Bravo !... Voilà la liberté ! Voilà l'égalité ! Voilà la fraternité ! trois grandes choses descendues du ciel sur la terre avec le Verbe fait chair pour la régénérer, la féconder et lui donner le bonheur !!!*

Où l'Evangile commence finit la barbarie !

I.

QUEL MAL FAIT LE PRÊTRE ?

Regardez, examinez sa conduite ; écoutez, pesez ses paroles.

Il apprend aux petits enfants à connaître Dieu, à bien penser et à bien faire ; à être sages, obéissants, toujours bons ! à respecter et à aimer leurs parents ; leur donne le mot de toutes les énigmes qui tourmentèrent si cruellement les plus beaux génies de l'antiquité ; leur enseigne le prix de leurs âmes, la noblesse de leur origine et leurs immortelles destinées...

Il se donne à la jeunesse, dont il a la charge ; lui inspire l'amour de la vertu et la haine du vice ; emploie toute son influence, toutes les énergies de son zèle pour la guider, loin des précipices, dans les voies de la probité et de l'honneur...

Il instruit les futurs époux sur les engagements nouveaux qu'ils vont contracter ; leur fait connaître la doctrine de l'Eglise sur la sainteté et la dignité du mariage chrétien ; consacre et bénit l'*union*, dont le Christ a fait un *sacrement*.

Il partage les âpres soucis de l'âge mûr ; le soutient contre les découragements de la terre par les fortifiantes promesses du ciel ; l'avertit de sa destination présente et de sa destinée future : lui rappelle ses devoirs d'humanité et d'indulgence, de justice et de gratitude...

Il visite le vieillard dans son isolement ; entretient en lui les pensées d'une vie nouvelle et meilleure ; divinise, par l'onction dernière, son dernier soupir...

Puis, quand le son lugubre de la cloche invite le peuple à ses funérailles, le prêtre est là encore pour recevoir sa dépouille mortelle, comme une relique sacrée ; la conduit devant le sanctuaire où il l'entoure de respect et d'honneur, et la dépose ensuite dans une terre bénite, comme un grain de Dieu, qui doit germer pour la vie éternelle...

Quel mal fait le prêtre ?

Sentinelle vigilante placée, *comme un sourire du ciel !* sur toutes les routes du malheur pour l'épier et le secourir, dès qu'il voit une occasion de se dévouer, il est là, pour donner, *avec ses larmes*, ses consolations et l'appui de son autorité...

En doutez-vous encore ?

Ouvrez les registres de dix-huit siècles, démocrates à belles paroles ; feuilletez, une à une, les pages du douloureux et sanglant martyrologe de l'humanité, la blessée de la catastrophe originelle, la perpétuelle *malade !* et dites-nous s'il est un besoin ou une infirmité du corps qui l'ait trouvé indifférent, une misère ou une maladie de l'âme qu'il n'ait tenté de soulager et de guérir.

Dieu l'a donné à tout ce qui *souffre*, comme le plus beau don de son amour. Aussi, de quelque mal que l'on soit atteint, on le voit arriver les mains pleines d'offrandes, le cœur riche de charité, l'esprit illuminé d'une sagesse divine.

Y a-t-il un pauvre sans ressources ? un infirme que tout le monde abandonne ? une veuve dont les yeux sont baignés des larmes du désespoir ?..

Le prêtre se présente et dit aux riches et aux heureux du siècle : *Ces veuves, ces infirmes, ces pauvres, sont vos frères ! et vous n'aurez part à l'héritage céleste, que si vous employez une partie de vos biens à les soulager...*

Il dit aux pauvres, aux infirmes et aux veuves : « Supportez la douleur ou l'indigence en expiation de vos fautes, et dites avec Michée : *Je porterai le courroux du Seigneur, parce que j'ai péché.* Rappelez-vous que, depuis Adam, « *toute créature gémit ;* » que l'homme, sur la terre, est un roseau brisé, dont le vent qui passe ne tire que des sons plaintifs. »

Enfin, lui-même, il leur formera des servantes gratuites : les *Dames de la Miséricorde*, les *sœurs Grises*, les *Filles de Dieu*, les *Filles de Saint-Joseph*, les *Filles hospitalières*, les *Sœurs de Charité*, les *Petites-Sœurs-des-Pauvres*, les *Sœurs du Bon-Secours*...

Oui, les *Hôpitaux*, ces hôtels de la souffrance ; la *Pitié*, qui abrite la naissance d'une multitude d'enfants ; *Bicêtre*, où sont recueillis les fous ; la *Salpêtrière*, refuge des vieillards ; les *Enfants-Trouvés*, asiles de pauvres petits êtres que le vice dépose aux angles des rues ; les *Hospices*, où les aveugles trouvent des mains pour les conduire et des maîtres pour leur donner les lumières de l'intelligence ; les *Monts-de-Piété*, pour venir en aide aux ouvriers malheureux... tout est l'œuvre du prêtre, ou dû à son initiative.

Quel mal fait le prêtre?

Je regarde, et je le vois, jusque dans les îles où l'humanité est proscrite, partout où une épidémie peuple une contrée de cadavres, partout où les malheureux ont besoin d'être secourus, disputés à la mort à force de sollicitude et de sacrifices... Je le vois, sans que rien ne l'y oblige, et ne s'arrêtant pas même devant les dégoûts et les dangers qui font hésiter les approches des parents, arriver auprès du cholérique pour lui prodiguer les soins les plus touchants, et « fonder la vie éternelle dans son âme expirante. »

Faut-il des exemples ? Je n'ai que l'embarras du choix.

C'était en 1843, *Genève* fut visitée par une peste affreuse qui décima ses habitants. Les *ministres protestants* se présentèrent au conseil municipal, avouant qu'il serait de leur devoir d'aller consoler les *pestiférés*, mais qu'aucun d'eux n'avait assez de courage pour le faire, priant le conseil de leur pardonner cette faiblesse... (Cela est aux archives de la ville, à la date du 5 juin 1843).

A *Lyon*, au contraire, au premier mot de *peste*, tous les *prêtres*, ceux mêmes qui étaient *vieux* et *infirmes*, se présentèrent à l'Archevêque, demandant à porter secours aux *cholériques*, et à mourir de la mort des martyrs ! si Dieu voulait bien couronner leur dévouement.

Vers la même époque, à *Dublin*, tandis que les *ministres* de la *Réforme* prenaient la fuite, refusant d'assister leurs *coreligionnaires*, les *prêtres catholiques* se sacrifiaient et mouraient auprès des malades de toute religion... A *Baltimore*, à *Philadelphie*, à *New-York*, au *Tonkin*, à *Ceylan*... les *prêtres* employèrent tant d'audace contre le fléau destructeur pour lui arracher ses victimes, que les infidèles, étonnés et ravis, se disaient : « *Oh ! ces hommes à robe noire ne peuvent être que des anges descendus du firmament !* » Aussi, l'autorité civile ne put s'empêcher de proclamer cet héroïque dévouement dans un rapport inséré au *Moniteur* du 1er janvier 1850. « De tous côtés, écrivait le ministre de l'agriculture et du commerce, le clergé a redoublé de zèle et de charité. Au milieu de tant de douleurs et de si affreuses misères, sa sublime mission est devenue chaque jour plus grande ; et son assistance et ses consolations n'ont manqué à personne. »

« C'est autour des *prêtres catholiques*, écrit-on de Jaffa, que se pressent les multitudes affamées et mourantes. Ici, comme partout, le seul *ami* du *pauvre*, c'est le *prêtre*. C'est lui qu'on a vu pendant une longue épidémie, de jour et de nuit, dans les hôpitaux, dans les cabanes, partout où il y avait un malade, soigner les *pestiférés* de ses propres mains, consoler les moribonds, soutenir la vie et le courage des survivants... Ces *prêtres*, disait, à cette occasion, une feuille *protestante*, ils sont partout où est le choléra ! et nos *ministres*, où sont-ils ? »

Quel mal fait le prêtre ?

On le trouve partout encore où l'on se bat, où l'on souffre, où l'on meurt pour la patrie...

Que de preuves nous en avons eues dans la dernière guerre, lorsque le sol français fut envahi par les hordes prussiennes !

Osez donc le nier ?

Le général Ambert en a connu un qui est mort simplement à la peine. Il vivait au milieu de son troupeau, quand des bruits de guerre vinrent jusqu'à lui. Il partit, et il ne revint pas.

Les soldats le considéraient comme l'enfant du régiment. Il mourut sur le chemin, loin de son église, loin de ses enfants qu'il avait baptisés. Couché au pied d'un arbre, la tête posée sur un sac de soldat et les yeux tournés vers le ciel ! Il y avait là de vieux grenadiers d'Afrique, à côté de conscrits imberbes. Tous étaient émus. Cependant ils avaient vu la mort à toute heure ; elle leur était familière...

« Mais ici quelle mort ! ce héros est-ce un ange
Qui, descendu du ciel sous les traits d'un mortel,
Va reprendre son rang dans la sainte phalange
Pour chanter à jamais le nom de l'Éternel ?... »

A l'approche des Prussiens, raconte l'*Héroïsme en soutane*, alors que tout fuyait, que tout tremblait, un homme restait debout, le *prêtre*. Puis, quand l'ennemi arrivait, armé d'un livre de prière, il se présentait devant lui. Combien de villages, de hameaux, de granges ont été préservés à la prière de l'humble curé ? Combien de soldats, tombés d'épuisement, ou couverts des poussières de la route, ramenés au presbytère?

Est-il donc besoin de faire des citations ?

A Buzenval, un bataillon hésitait. Tout à coup un prêtre s'élance et une canne à la main en guise de sabre : « *Allons, mes amis, en avant! Vive la France!* » Quelques instants après, ce prêtre recevait une balle dans le bras gauche... Les Prussiens avaient mal visé ; les Français viseront mieux. Et le Père Allard sera collé contre un mur de la Roquette, au cri de : *Vive la République!!!* Grand bien leur fasse !

A la bataille du Mans, l'abbé Fouqueroy, remplaçant l'aumônier mort, blessé bientôt lui-même, continua de se traîner sur le lieu du combat jusqu'à ce qu'un boulet de canon l'étende à côté des soldats qu'il secourt.

A celle d'Orléans, un *prêtre* échappe aux chirurgiens, la tête sanglante, pour aller soigner les blessés ; de sorte que, dit le général Ambert, on voyait tomber de son visage des larmes de sang se mêlant au sang des soldats.

Le Père Tangigny, jésuite, est blessé deux fois. Le Père Rochemontoix reçoit, d'un officier prussien, un coup de sabre à la tête à la bataille de Loigny. Le Père Charles de Damas est blessé à Belfort, durant le siège ; tandis que son frère Amédée est fait prisonnier à Metz et devient, en Allemagne, la providence de nos soldats...

A la bataille de Bazeilles, près de Sedan, 53

soldats du 4e chasseurs furent faits prisonniers par les Prussiens et étaient conduits en Allemagne par un peloton de cuirassiers blancs. Le premier soir, après une journée de marche pénible, on les enferma dans l'église d'un petit village des environs de Montmédy, et on plaça tout autour des sentinelles pour empêcher l'invasion. Les cavaliers s'endormirent. « Nous étions rangés de notre mieux sur le pavé, racontait un des chasseurs à M. Blondeau, sous-préfet, quand j'entendis, sur le coup de minuit, une voix qui disait : *Chasseur ! chasseur !* Je me frotte les yeux, je regarde, et j'aperçois la tête du curé qui sortait dans l'épaisseur du mur, par un trou que j'avais pris pour un placard à mettre les burettes. « *Voulez-vous vous sauver des Prussiens ?* » nous dit M. le curé.

— Certes, je le crois bien ! Par où passe-t-on ?

— Ici ; réveillez vos camarades, et surtout pas de bruit...

« Chacun fut bientôt sur pied. Nous voilà, l'un après l'autre, rampant dans l'ouverture de la muraille. De la fenêtre, on descendait dans le jardin du presbytère, que nous traversâmes nos souliers à la main. Une petite porte nous donna sortie dans la campagne. Nous étions sauvés... »

Ce prêtre n'est autre que l'abbé Charles Miroy ; il repose sous une humble pierre tumulaire, tout près de Reims... C'est que, le lendemain de son héroïque charité, les Prussiens le fusillèrent, pour le punir d'avoir sauvé la vie à 53 des plus braves soldats de la France ! (Rapporté par d'Avesne.)

Au village des Horties, quelques francs-tireurs ayant fait feu sur des Prussiens, un détachement de soldats allemands vinrent exiger six otages qui devaient être fusillés le lendemain. Les six malheureux désignés par le sort furent livrés vers les cinq heures du soir, et enfermés dans la salle d'école. L'officier prussien autorisa le curé à porter à ces hommes les secours de la religion... Le prêtre trouva les prisonniers dans un tel état de prostration, qu'ils comprenaient à peine ses paroles. Un des six, veuf et père de cinq enfants, faisait entendre des cris déchirants, demandant, dans un accès de désespoir, que ses enfants fussent également livrés aux Prussiens... Le curé va secrètement trouver l'officier allemand : « Monsieur l'officier, dit-il, peu doit vous faire de fusiller celui-ci ou celui-là ; je viens, en conséquence, vous demander de prendre la place d'un pauvre père de famille, et de mourir pour lui, afin de le conserver à ses enfants. »

— Soit, dit l'officier.

Quatre soldats conduisent le curé dans la prison, et mettent le paysan en liberté.

Le lendemain, au milieu de la colonne prussienne, on voit défiler les six otages, le curé à leur tête, récitant l'office des morts ! On approchait du lieu de l'exécution, lorsque la vue du prêtre fixa l'attention du major qui se trouvait au passage. Le capitaine lui expliqua la chose. Le major fit suspendre la sentence et adressa un rapport au général. Celui-ci fit appeler le curé. L'explication fut courte. « *Allez, monsieur le curé,* dit le général : *et dites à vos paroissiens que je leur pardonne à cause de vous.* » Puis, se tournant vers ses officiers : « Si tous les Français avaient le cœur de ce *simple prêtre*, nous ne resterions pas longtemps de ce côté du Rhin. »

Voilà des faits, nos soldats les racontent, revenus au foyer de leurs pères.

« Lecteur, qui lisez ces choses, à coup sûr, vous vous êtes dit qu'au lendemain de la guerre, ces prêtres, qui ont joué leur vie sous la mitraille prussienne, furent reçus par des acclamations de reconnaissance. »

Eh bien, non ! Et « autant ils ont donné de marques de dévouement à la patrie, autant, pour les récompenser, elle les accable de mépris et d'injures ! Avant la guerre, on les supportait encore (1). » Depuis, on les traîne dans la boue pour des crimes imaginaires, on supprime leur traitement ; on les expose aux vitrines dans d'ignobles caricatures. Ah ! les misérables !

C'est plus que de l'injustice, c'est de l'in-

(1) L'héroïsme en soutane.

gratitude : le plus bas, le plus vil des sentiments. C'est le retour à l'âge de fer et à la barbarie !

O lion de Juda, quand donc te réveilleras-tu ?

Quel mal fait le prêtre ?

Mais, a dit le philosophe de Genève, Rousseau, un curé n'a jamais de *mal* à faire ; et s'il ne peut pas toujours faire le bien par lui-même, il est toujours à sa place quand il le sollicite.

Le maître-bourgeois Thiers, quoique *sceptique*, disait à M. de Montalembert : « Lorsque j'entre dans un village, je considère avec plaisir le presbytère ; et je pense qu'il y a là un *homme* qui me serait secourable, si j'éprouvais quelque accident.

— La maison du *maître d'école* ne vous inspire-t-elle pas le même sentiment ? demanda l'orateur catholique.

— Non ; prenons garde que ce *monsieur* ne devienne le *curé* du socialisme. »

Et à M. Barthélemy Saint-Hilaire : « J'ai toujours cru qu'il fallait une religion, un culte, un clergé... Aujourd'hui que toutes les idées sociales sont perverties, et qu'on veut nous donner dans chaque village un instituteur jacobin, je regarde le curé comme un indispensable rectificateur des idées du peuple. Il lui enseignera au moins, au nom du Christ, que la douleur est nécessaire ans tous les états, qu'elle est la condition de la vie, et que, quand les pauvres ont la fièvre, ce ne sont pas les riches qui la leur envoient... Mes haines et ma chaleur de résistance, je ne les porte que là où est l'ennemi... Cet ennemi, c'est la *démagogie.* »

Quel mal fait le prêtre ?

« Nous sommes en plein hiver ; la neige, soulevée par la tourmente, a rendu les chemins impossibles. Le montagnard, blotti dans son étable, en la seule compagnie de ses bestiaux, attend de longs jours le retour de la saison chaude. Parfois cependant son habitation reçoit une visite. L'homme qui s'avance à travers mille dangers, est le curé de la paroisse ; il a appris la maladie d'un de ses paroissiens, et il va lui offrir les secours de la religion. Pour le prêtre, il n'y a pas de route inaccessible ; il brave le froid sibérien, les tourmentes de neige, les avalanches, les orages, pour remplir son apostolat. Il est comme la Providence des populations exilées dans les montagnes ; si un indigent manque de pain, c'est à la porte du curé qu'il va frapper de préférence ; si le pauvre n'a qu'un vêtement en lambeaux, insuffisant pour le protéger contre les violences de la bise, il va lui demander de quoi se vêtir ; si la maladie visite le foyer du paysan, c'est le curé qu'on prie de donner un avis et un remède.

« Le curé va là où on l'appelle pour bénir, pour pardonner et pour secourir. Le curé est le seul bien qui attache encore au sol les habitants de certaines régions déshéritées ; c'est lui qui lutte contre leur découragement, par ses exemples et ses conseils. Les domestiques de ferme sont plus à l'aise que lui ! et, pourtant, il trouve encore dans son inépuisable charité le moyen de faire une part au pauvre, grâce à une vie de privations et de sacrifices (1)... »

Quel mal fait le prêtre ?

Ecoutez, à ce sujet, une idole de la démocratie :

« Il est dans chaque paroisse un homme qui n'a pas de famille, mais qui est de la famille de tout le monde ; qu'on appelle comme témoin ou comme conseiller dans tous les actes solennels de la vie ; sans lequel on ne peut ni naître, ni mourir ; qui prend l'homme au sein de sa mère et ne le laisse qu'à la tombe ; qui bénit ou consacre le berceau, la couche nuptiale, le lit de mort et le cercueil ; un homme que les petits enfants s'accoutument à aimer, à respecter et à craindre ; aux pieds du-

(1) Extrait d'un ouvrage sur les Alpes.

quel tous les chrétiens vont répandre leurs aveux les plus intimes, leurs larmes les plus secrètes; un homme qui est le consolateur par état de toutes les peines du corps et de l'âme; l'intermédiaire obligé de la richesse et de l'indigence ; qui voit le pauvre et le riche frapper tour à tour à sa porte : le riche pour verser l'aumône secrète, le pauvre pour la recevoir sans rougir ; qui, n'étant d'aucune condition sociale, tient également à toutes les classes : aux classes inférieures, par sa vie pauvre et souvent par l'humilité de sa naissance ; aux classes élevées, par l'éducation ; un homme enfin qui sait tout, et dont la parole tombe de haut sur les intelligences et sur les cœurs, avec l'autorité d'une mission divine et l'empire d'une foi faite... Cet homme, c'est le *prêtre* (1). »

« Le prêtre, s'écriait il y a quarante ans M.
« Dufêtre, voilà l'homme de Dieu, l'homme de
« la société, l'homme de toutes les bonnes œu-
« vres ; voilà celui à qui aucun bien ne saurait
« être étranger, et qui est appelé à faire à ses
« semblables tout le bien dont il est capable ;
« voilà l'apôtre qui doit voler jusqu'aux extré-
« mités de la terre, pour porter dans tous les
« cœurs la religion, la charité, le bonheur et la
« paix... »

Par son ministère, que d'ignorants instruits !

(2) De Lamartine.

que de larmes séchées ! que de cœurs consolés et fortifiés ! que de victimes arrachées au désordre ! que de coupables rendus à la vertu ! Les haillons, la paille, les plaies, les crachats... ne lui inspirent ni dégoût, ni répugnance : la charité du Christ qui le presse, en a parfumé l'indigence et malheur.

Quel mal fait le prêtre ?

Mais personne, à coup sûr, n'a des titres plus grands que les siens, pour exercer sur le peuple une influence régénératrice. Le *curé* est la *Religion parlant à la société ;* et ce qu'il ne fait pas lui-même, un autre peut difficilement le faire. Il ne dispose pas des prisons ni des ministres de la justice, et cependant il fait que les subordonnés obéissent à leurs supérieurs, et que ces derniers aiment leurs inférieurs. Il prend en main la défense de l'orphelin et de la veuve, couvre de sa protection les faibles et les pauvres. Par un secret ressort qui lui est propre, « il fait ouvrir la main de l'usurier, et retourner le bien d'autrui à son vrai maître, » fait venir la réparation sur les traces du scandale, la rétractation sur celles de la calomnie. Il apaise les fougues de la jeunesse et ses passions turbulentes ; il éteint les discordes, éloigne les procès, maintient les hommes dans une parfaite harmonie et les dirige dans l'accomplissement de leurs devoirs politiques et sociaux. « Jamais, dit un auteur, l'humanité, la liberté et le respect du droit n'ont eu, en présence de la force, de plus digne ni de plus ferme interprète et défenseur. »

C'est encore ce que disait, sous une autre forme, le bon curé d'Ars : « *Laissez vingt ans le monde sans prêtres, et les hommes deviendront pires que des bêtes farouches.* »

Quel mal a fait le prêtre ?

Aucun... Et je porte le défi à ses accusateurs d'en relever d'autre, dans sa conduite, « que celui qu'ils croient voir dans son zèle à soulager l'infortune, à instruire les ignorants (1) », à gouverner le royaume des âmes qui lui ont été confiées par le Christ, le Maître de toutes choses.

Quel est donc son crime ?

Pour qu'il en soit réduit à répéter ces paroles de l'Apôtre : « *Nous sommes devenus comme les ordures du monde ! comme les balayures, rejetées de tous ! comme des brebis, qui attendent le couteau de l'égorgeur* (2) ! ».

Son crime ! ses crimes !...

Interrogez vos pères, et ils vous les diront ;

(1) Mgr Guibert.
(2) S. Paul, Ep. aux Romains.

consultez vos ancêtres, et ils vous les raconteront : « *Interroga majores tuos et dicent tibi.* »

Son crime !... aux yeux des gens qui nient Dieu, parce qu'ils ne veulent que la *liberté* des *libertins*, c'est-à-dire le « *laisse-faire* » en toutes choses, sauf à ne rien laisser faire que le *mal*. .

Son crime !...

C'est d'être, en ce monde, l'*oracle* de la *vérité*, qui dissipe la *nuit* du *mensonge ;* l'*indicateur* de la *voie*, qui mène à tout progrès légitime ; l'*organe* de la *vie*, qui anime les intelligences et les cœurs ; le *gardien* de la *paix*, que saint Augustin définit si bien : « *La tranquillité de l'ordre, la prospérité et le bonheur véritable.* »

Son crime !...

C'est de dévoiler *les mystères impurs !* de ne point flatter les passions abrutissantes ; mais, quelque route qu'elles prennent, de les arrêter au passage et de leur crier : « *Retournez à l'égout !!!*

Son crime !...

C'est de tonner, avec les accents d'un apôtre, contre les scandales des *plus grands* et les faiblesses des *plus petits*. Par exemple : de rappeler au *riche de rapines*, qui refuse de rendre le *morceau qui l'étouffe*, le Dieu terrible qui fera un jour bonne justice ; et au *libertin*, qui ne rêve que *joies infâmes !* ce jugement inévitable, où sa conscience ouverte laissera voir l'amas d'ordures cachées dans ses plis et replis...

Son crime !...

C'est de combattre, sans se lasser jamais, toutes ces *abominables* doctrines, qui, sous prétexte d'affranchissement et de progrès, poussent les masses écumantes à l'assaut de la *société*, comme sur une proie qui leur appartient...

Son crime !...

C'est, enfin, de se présenter aux héros de pavé, comme l'interprète du devoir qui garde la liberté contre la tyrannie, et de la loi qui protège le droit contre la force.

Son crime !...

C'est de dire à tous, *au riche qui élève ses regards triomphants, comme au pauvre qui marche les yeux baissés :* Non, vous n'êtes pas vos *maîtres*, vous n'êtes pas vos *guides*. Nous n'avons tous qu'un seul et unique *guide*, l'*Evangile;* qu'un seul et unique *Maître, N.-S. Jésus-Christ: Magister vester unus est, Christus.* Ici-bas, comme là-haut, tout est à lui, parce qu'il est le Seigneur de la terre aussi bien que du ciel. Le *devoir*, c'est de le *connaître ;* le *bonheur*, c'est de l'*aimer ;* la *gloire* et le *salut*, c'est d'être fidèles à sa *loi*, jusque dans les plus petites choses : « *Quia in pauca fuisti fidelis,* »

Son crime ! ses crimes !...

Oui, les voilà.

Et si quelqu'un dit que je me trompe, de grâce, qu'il le prouve par des faits.

Dès lors, laissez-moi vous le dire avec ce *franc-parler* que j'aime tant :

Si son procès, instruit et rappelé au tribunal des faits généraux, constants et universels, aboutit à l'humiliant aveu de Pilate, durant la sombre nuit du Jeudi-Saint : « *Je ne trouve en cet homme, que vous m'avez présenté, aucun sujet de condamnation;* »

Si, dans son long voyage à travers le temps, il a semé les bienfaits sous ses pas, acceptant avec joie des fatigues énormes pour servir le peuple, ce *peuple* à qui *Voltaire* voulait qu'on donnât du *foin* et des *coups de bâton !*

S'il n'y a eu, dans un ordre de choses quelconque, une œuvre tant soit peu considérable à laquelle il n'ait contribué pour une large part;

S'il n'est un progrès moral dont il n'ait pris l'initiative, ou qu'il n'ait favorisé dans la mesure de ses forces ;

Si toute son histoire peut s'écrire en deux mots : *Sacrifice et dévouement*...

Ah ! ça, voyons, dites-nous :

Pourquoi n'est-il accueilli qu'avec l'aigreur d'une personne froissée ?

Pourquoi chacune de ses démarches est-elle suspectée ?

Pourquoi ne peut-il plus faire un pas dans la rue, sans entendre des blasphèmes à tous les détours de carrefour, sans que des injures ne viennent retentir à ses oreilles ?

Pourquoi veut-on lui fermer *légalement* la bouche ? lui lier *légalement* les mains ?

Pourquoi est-il *systématiquement* écarté de partout où il pourrait exercer une influence quelconque ?

Pourquoi est-on occupé sans relâche à le noircir du souffle empesté de la calomnie ?

Pourquoi, sous toutes les formes, ridicules ou odieuses, on le représente à l'imagination populaire comme l'*erreur*, qui ravage les *intelligences !* comme la *corruption*, qui corrompt les *cœurs !* comme le *noir Satan*, qu'il faut *exécrer et maudire ?...*

Pourquoi, tandis que l'on pardonne aux féroces égorgeurs de la *semaine sanglante !* aux hideux massacreurs de la rue *Haxo !* il n'y a pas de pitié pour lui ?

Homme noir ! que nous veux-tu ???

Pourquoi ?

Ah ! je devine, et la chose est facile à prouver :

L'*Homme noir !* fait penser à *Dieu !* et la *passion* a la haine de Dieu !...

En cela, elle n'a pas tort ; car c'est son intérêt qu'elle défend... Chez les *Peaux-Rouges*, dans la *Mongolie* ou la *Sierra-Morena*, ce serait parfait. Le fumier a ses fleurs...

N'insistons pas ; avec un plus fort que soi, on ne peut pas dire tout ce que l'on pense. Est-ce le cas ?

Nos vainqueurs, je veux dire les ennemis du

clergé, ont vraiment toutes les audaces; mais c'est tant mieux pour le *prêtre*, car l'*écume* honore le *frein*, et l'honneur d'une telle haine n'est pas donné à tout le monde.

Comment cela ? — Le voici :

C'est que la *haine* a une façon à elle de rendre témoignage à la vérité et à la force.

Parce qu'il n'est pas dans la nature d'un homme de se passionner contre le *néant !* de détester ou de bénir le *rien !* Il faut que le prêtre soit quelque chose de bien grand, un ennemi bien redoutable, une force bien puissante... pour que la *Révolution* en ait fait son *enclume*, où elle frappe ses coups les plus terribles ; pour qu'elle le poursuive, comme son adversaire capital ; pour qu'elle le combatte à outrance et de mille manières : par l'injure, par la calomnie, par le sarcasme, par la violence et par la faim...

Aux yeux de la philosophie, celui-là est méprisé, qui ne peut plus attirer aucun regard de pitié, aucun sentiment d'amour ou de haine...

Celui-là est méprisé, qui voit les foules passer autour de lui, et que nul bruit ne se fait à cause de lui...

Mais tant qu'on a assez de puissance, assez de force, assez de prestige pour soulever des colères et des haines, non, on n'est pas méprisé.

Et plus on a de prestige, de puissance et de force pour susciter des colères et des haines, plus on est quelque chose.

L'excès de l'outrage donne la mesure de la grandeur attaquée. Or, je le demande :

Qui est-ce qui fait plus de bruit, à cette heure, que le prêtre catholique ?

Autour de quoi s'agite-t-on avec plus de frénésie qu'autour du prêtre catholique ?

Qui reçoit plus d'injures ou de louanges, de blasphêmes ou de bénédictions que le prêtre catholique ?...

Ah ! que les affreux *Messies* de la religion nouvelle ne s'y trompent pas : ils peuvent faire au prêtre une guerre à mort, mais ils n'ont pas affaire à un *mourant*.

Et à ceux qui viendraient nous dire ce que disait un jour Voltaire, il y a cent ans : « *Tenez* « *bien vos prêtres, ils n'en ont plus que pour* « *vingt ans dans le ventre !* »

Je répondrai :

Vous croyez ?

Mais si le *prêtre* est en train de *mourir !* pourquoi le montrez-vous du doigt à la multitude inconsciente, en disant : *Voilà l'ennemi terrible ! le fléau redoutable ! le danger mortel !...*

Si le *prêtre* est en train de *mourir !* pourquoi employez-vous jusqu'à la violence pour empêcher sa parole de se propager ?...

Si le *prêtre* est en train de *mourir !* pourquoi tenez-vous suspendue sur sa tête l'épée de Damoclès ?...

Si le *prêtre* est en train de *mourir !* pourquoi

fatiguez-vous votre intelligence à fabriquer des lois de fantaisie pour le mettre hors le droit commun ?...

Si le *prêtre* est en train de *mourir !* pourquoi menez-vous à la bataille contre lui toutes les puissances du mal coalisées ?...

Si le *prêtre* est en train de *mourir !* pourquoi sa *haine*, non-seulement dans le cœur, mais partout : dans votre *bouche*, quand vous parlez ; dans vos *doigts*, quand vous écrivez ; dans vos *pieds*, quand vous marchez ; dans vos *yeux*, qui lancent des flammes ; sur vos *lèvres*, qui bavent l'écume... Quand vous dormez, votre *souffle* en est plein (1)...

Allons, tout doux ! messieurs, un peu de principes, et ne mettez pas toujours en *bas* ce qui doit être en *haut*, et en *haut* ce qui doit être en *bas*.

Et puisqu'à vous entendre, le *prêtre* est en train de *mourir !* laissez-le mourir en paix, et n'insultez pas la *faiblesse même*, sur son lit *d'agonie*. Frapper une *victime à terre*, cela n'est pas grand.

Mais vous n'êtes qu'un tas de sinistres blagueurs. A coup sûr, vous savez que le *prêtre* est vivant; et c'est parce que vous le savez, qu'il vous fait peur, pour ne rien dire de plus.

Eh ! oui ; pauvres fous !

(1) La Sentinelle.

Vous attaquez avec rage, parce que vous savez que vous attaquez une *réalité*, c'est-à-dire une *puissance ;* et vous faites comme les chiens de certaines fermes, vous aboyez par amour du mal avec ceux qui aboient :

« *Homme noir ! que nous veux-tu ?*

« Il n'est vraiment pire sourd que celui qui ne veut pas entendre. » *Is fecit cui prodest.*

Eh bien ! à votre aise, *messires* les *emberlucoqués*, à votre aise ; et puisque la *haine* du prêtre vous y pousse, videz votre *bouteille* d'*encre !* versez tout le *fiel* de votre âme..,

Vaine fureur !

Vos *boues* ne le saliront point : au sein même de l'ordure la plus immonde, les rayons du soleil conservent tout l'éclat de leur pureté.

Vos *dédains* ne l'aviliront point : une pièce *d'or* ne perd pas de son *prix* parce qu'un *fou* assure que cette pièce est d'*étain.*

Vos *quolibets* ne le troubleront point : « La réprobation des *gens pervers* est un véritable *éloge* dont tout homme *vertueux* doit se féliciter et s'enorgueillir. » (Publius.)

Vos *colères* ne le décourageront point : « Ce qui met le comble à votre honneur et à votre gloire, écrivait saint Jérôme à saint Augustin, c'est que, avec l'amour des enfants de l'Eglise, vous avez la haine de ses *ennemis.* »

Quoi que vous fassiez, le sacerdoce survivra à tous vos audacieux blasphèmes, et vous serez obligés d'emprunter votre dernier au César apostat : « *Tu as vaincu, Galiléen !* » Car, en vérité, vous êtes bien en retard.

D'autres plus rusés y ont perdu leur peine, et le passé répond pour l'avenir. L'oracle est formel : les scélérats de la minute présente, pas plus que les monstres couronnés des premiers temps, n'effaceront la promesse de Génézareth : « *Ne craignez point. J'ai vaincu le monde... Je suis avec vous, tous les jours, jusqu'à la consommation des siècles.* »

Et demain, comme aujourd'hui, comme hier, comme toujours, on chantera dans les temples de tout l'univers le serment de Dieu : « *Le Seigneur l'a juré et il ne s'en repentira point ; vous êtes prêtres pour l'éternité : Tu es sacerdos in æternum.* »

Quand il n'y aura plus de prêtres, il n'y aura plus de monde.

A franchement parler, nous n'aurions pas voulu récriminer ; car la dispute n'est point de nos goûts, ni dans nos habitudes ; mais à la vue de ce qui se passe et de ce qu'on nous prépare, nous n'avons pu nous tenir et nous avons voulu savoir ce qu'il en était. La justice l'exige. C'est même la volonté de l'Eglise que le prêtre ne soit point une victime impunément livrée à la langue des méchants ; car il doit aux fonctions dont il est revêtu tout ce qui peut lui en concilier le respect. « Il faut, écrivait saint Paul au ministre qu'il avait établi évêque d'Ephèse, il faut que le ministre des autels ait un bon témoignage de ceux-mêmes qui sont au dehors, afin qu'il ne devienne pas un sujet d'opprobre. »

Il se peut que je n'atteigne pas tout le but que je me suis proposé, ayant affaire à des hommes qui, ne pouvant plus souffrir la *saine doctrine*, appartiennent, pour la plupart, à cette catégorie d'*insulteurs à gage*, dont Victor Hugo disait :

« *Et lorsqu'on va chez eux pour chercher leurs oreilles;*
Leurs oreilles n'y sont jamais. »

Et Hamel, si mes souvenirs ne me trompent : « *Il semble.* quand on approche d'eux, *qu'il y ait quelque chose de pourri !* » Autant vaut l'aune.

Mais quand des gens qui se font de l'impudence comme un chaperon, et sous prétexte qu'il faut bien vite en finir avec ce qu'ils appellent : *La puissance cléricale,* tentent contre le prêtre tous les moyens de déshonneur et de ruine ;

Quand pour détruire son pouvoir auprès des masses, systématiquement et indignement trompées, tout est mis en œuvre : *pamphlets, romans, chansons et refrains impies, libelles diffamatoires, productions ordurières, conseils perfides, railleries sanglantes, promesses dérisoires, fantômes du passé, discours ministé-*

riels...; que tout est bon : *la table des tripots, le banc de l'infamie, la borne de la rue, le sou des écoles laïques, le cadavre du solidaire, la tribune des parlements...;*

Quand d'affreux despotes, sortis de la boue, *tout en se targant de ne plus croire à rien, sauf aux écus!* viennent lui dire d'un ton sec, presque colère : *Prêtre de Dieu,* tiens-toi tranquille dans la *bicoque sacrée* qui cache tes mystères; à ce prix seulement, nous te donnerons une *petite existence;* mais tu n'en sortiras plus, même pour obéir à la voix de *Celui* qui t'a dit: « *Va, enseigne les nations* »;

Quand il n'est d'insulte assez basse, d'injure assez grossière et parfois indécente dont il ne soit l'objet;

Quand tout est permis contre lui, que tout lui est imputé à crime, tout, jusqu'aux larmes qu'il pleure sur la perte des âmes qui lui sont confiées...

Nous, les fils des *vaillants* qui se battaient jadis pour la famille, pour la patrie, pour l'amour, pour la liberté, pour la gloire, pour les *vieilles traditions* et les *vieilles croyances* du pays,

Nous ne pourrions pas faire entendre aux *Hérodes efféminés du siècle* les protestations de la *justice violée* ou du *droit méconnu,* par le cri de l'austère Jean-Baptiste : « *Ce que vous faites là est abominable : Non tibi licet?* »

Et nous ne prendrions pas le fouet dont se servit un jour le Christ pour chasser les vendeurs et les acheteurs du temple?

Et nous souffririons qu'on égorgeât l'*agneau* — parce qu'il ne peut pas se défendre, — sans crier : *Au loup!*

Et nous permettrions, au grand scandale du monde civilisé, au *vice* de s'ériger en *système*, et au *mensonge* de prévaloir contre la *vérité?*

Et nous laisserions les *sinistres ouvriers de la mort* poursuivre, sans entraves, l'œuvre infernale de *destruction*, entreprise et arrêtée depuis longtemps dans les *loges maçonniques?...*

Non, cela ne se peut. Nous n'en avons pas le droit; car noblesse oblige. Et puis, ce qui, trop souvent, engraisse et enhardit les *coquins!* c'est, vis-à-vis d'eux, l'indifférence ou la lâcheté des *honnêtes gens*.

La *peur*, la *peur seule* a fait la *Grande Révolution*, cette ignoble chose qui a couvert la France de hontes et de ruines, ce *fleuve de gémissements! roulant son sang et sa boue!* sur toutes les *fleurs* nationales : *fleurs* d'honneur et de gloire, de majesté et de royale justice, de la vaillance et du patriotisme...

Nous ne voulons pas y revenir. Ce premier essai nous a coûté trop cher.

Que dit-on du « prêtre » au pays des « Emberlucoqués » ?

> Dans ce monde-là, c'est à celui qui arrête le *passant* à crier : « *Au voleur !* » tout en lui prenant sa *bourse !...*

I

Les *violents* ne s'en cachent pas : ils demandent sa tête... *coupée.*

Tout ou rien. On n'est pas plus difficile.

Se débarrasser du *berger* pour avoir le *troupeau*, afin d'en disposer à leur gré : voilà leur satanique idéal, voilà leur butin sur Dieu !

C'est *Caïn* qui revient pour se *venger* et *jouir*.

Les *habiles*, ou plutôt les *Pilates de la situation*, marchent au même but, en le déguisant sous des formules insipides, invoquant, pour se justifier, la maxime gallicane : *Le règne du Christ n'est pas de ce monde.* »

C'est Satan qui fait le tour du globe (Job, 1, 7).

Ceux-ci, plus timides, tiennent dans l'ombre leurs desseins perfides ; ceux-là, plus hardis ou plus conséquents, lèvent sans pudeur le voile. Mais les deux groupes de la *faction bariolée* nourrissent la même *haine* et travaillent à la même *ruine* : la ruine de la France, par la ruine du *sacerdoce*, de ce *sacerdoce* qui fut dans tous les temps le principe et l'inspiration de sa *civilisation*, l'auréole de cette gloire et de cette fierté qui nous charmait encore il y a quinze ans !

On pourrait le prouver par A + B.

II

Les *inconscients* ou *mornes*, tout en cachant leurs *griffes*, se prêtent à cette *destruction* en croyant élever une barrière à des *envahissements* qui n'ont d'existence que derrière la muraille de leur front d'amadou.

La chose est commode.

« Qui veut faire le *mal*, trouve toujours une excuse prête et le moyen de le faire. »

Ainsi, à les en croire, ces *Roberts Macaires* gardiens de la *propriété publique !* le *prêtre* serait un *envahisseur infatigable*, empiétant sur tout et un peu partout. Cela est bien fort.

On n'est pas plus intrépide, sauf à prendre les

agneaux pour des *loups!* comme au pays des *Emberlucoqués.*

Le prêtre, envahisseur universel?...

Oh! pour le coup... *Envahisseur! Eh bien! soit;* mais de quoi, je vous prie?

Faisons la lumière et on jugera.

Est-ce le domaine de l'Etat que le prêtre envahit?

Vraiment, il faut avoir une passable audace pour représenter le clergé comme un parti qui veut envahir l'Etat, quand c'est l'Etat, au contraire, qui envahit l'Eglise.

« La vérité est que l'élément ecclésiastique n'est représenté nulle part, ou peu s'en faut. Jamais, à aucune autre époque, le clergé s'est moins occupé des affaires de l'Etat; nulle part, chez aucun peuple, il n'est tenu plus à l'écart de la chose publique (1). » Et qu'on ne dise pas qu'il cherche à gêner l'autorité de la puissance établie. Il aime toujours, au contraire, à lui offrir son concours dans ses projets pour le bien; et, plus d'une fois, il a blâmé toute opposition systématique, parce qu'elle avait l'air de prendre la couleur d'un parti; mais, avec la même franchise, il élève la voix pour défendre — contre le pouvoir persécuteur — la cause de la religion, de la famille et de la société; se souvenant de la parole des Apôtres: « Il vaut mieux obéir à Dieu qu'aux hommes. »

(1) Mgr Freppel.

Est-ce la famille?

C'est le prêtre qui a fait le foyer chrétien, qui l'a purgé des hontes de la polygamie et du divorce, qui a remplacé l'inflexible rigueur de la paternité antique par la douce et grave majesté de la paternité chrétienne, qui a fait ce chef-d'œuvre de délicatesse, d'amour et de grâce qui s'appelle la *mère chrétienne*. Sans la religion, sans le prêtre, malgré le code civil, les *unions ressembleraient à celles des bêtes brutes...*

Est-ce l'école?

Toutes les portes lui en sont fermées, comme s'il était *galeux*, alors même qu'il a le droit de se les faire ouvrir!

Est-ce le lit de camp du soldat blessé, ou du malade de l'hôpital?

On l'a brutalement chassé de partout, comme un *phylloxéra* qu'il faut extirper à tout prix! si nous en croyons l'*ange Paul Bert*.

C'est, sans doute, la liberté qu'il met en péril?

La vraie liberté vient du Christ. Hors elle, il n'y a que le *despotisme et l'anarchie*; « parce qu'elle seule rend raison du pouvoir et du devoir, consacre l'un et ennoblit l'autre. »

Quoi alors? *Serait-ce l'égalité?*

Il n'admet d'autre distinction, entre les hommes, que le mérite des bonnes œuvres. Il est vrai de dire, pourtant, qu'il a ses privilégiés; mais ce sont les pauvres, les faibles, les petits; ce sont tous ceux qui pleurent, tous ceux qui souffrent, tous ceux qui portent le poids du jour et de la chaleur. (Mat., V, 3, 5, 10, 11.)

Serait-ce la fraternité ?

Elle est fille du ciel et toute chrétienne. En voulez-vous un exemple ? C'était pendant l'agonie de la Commune ; des républicains en révolte traînaient les ôtages dans le chemin de Mazas. « Tout-à-coup, on entendit le bruit d'un feu de peloton ; quelques victimes tombèrent la face contre terre : une seule resta debout, la main gauche sur sa poitrine sanglante, la main droite étendue vers les exécuteurs. C'était Mgr Darboy qui bénissait ses assassins !!! »

Est-ce une oppression quelconque à l'égard des peuples qui ne partagent pas sa Foi, qu'on lui reproche ?

Le prêtre n'attend pas de la force le triomphe de ses doctrines, et il n'exige pas des consciences d'involontaires soumissions. Avant de demander la croyance aux mystères de sa religion, il invite la fière raison à examiner son autorité, et lui fournit ses titres. Du reste, rien n'est plus contraire à la foi que la contrainte ; et « ce serait une véritable apostasie, dit saint Athanase, que de vouloir tirer par la force ceux qu'on n'a pu convaincre par le sentiment. »

C'est peut-être parce qu'il s'occupe de vos affaires, en tant qu'elles regardent la conscience ?

Ne savez-vous pas que la première puissance

que Dieu a donnée au prêtre, quand il l'envoya sur la terre, c'est la puissance d'enseigner et d'instruire : « *Euntes, docete.* » Dès lors, le prêtre n'empiète nullement sur vos affaires, lorsqu'il vous apprend ce que vous devez faire ou ce que vous devez éviter, ce qui vous est permis ou ce qui vous est défendu ; lorsqu'il condamne sur la terre, ce que Dieu condamne au ciel : il fait son devoir à l'égard de chrétiens qui. peut-être, refusent de faire le leur ; et vous n'avez pas le droit d'exiger de lui un silence ou des ménagements qui seraient funestes au salut des âmes, et dont Jésus-Christ lui demanderait compte.

III

Enfin, après les *mornes* ou *inconscients,* viennent les *peureux* ou *Nicodèmes*... Recrutés dans toutes les doublures de la troupe, ceux-ci trouvent plus commode de livrer la *place,* que de la défendre ; et ils se vantent d'avoir remporté la victoire, gagné la partie, parce qu'ils ont ménagé une *transaction honteuse* et irrémédiablement condamnée : « Non potestis duobus dominis servire. »

« Est bien fou du cerveau,
Qui prétend contenter tout le monde et son père ! »

Entendez comment, en face de l'*ennemi,* nos

matamores opposent le droit de la *justice* outragée au droit de la *force* brutale. (*C'est Gros-Jean qui en remontre à son curé.*)

Pourquoi ces bruits de lutte et cet éclat de résistance? Quand les temps sont mauvais ou que les vents sont contraires, ne serait-il pas prudent que le prêtre pliât ses voiles ; car, à quoi bon ces récriminations intempestives ? Il aggrave le péril sans diminuer le mal... « *Paix générale cette fois !...* »

Ce langage est pitoyable ! Et autant vaudrait, *quand les loups ont envahi le troupeau*, et que le berger crie de toutes ses forces pour appeler « *au secours !* » qu'on demandât pourquoi ce berger fait tant de bruit et se donne tant de peine.

Allons jusqu'au bout.

On voudrait amener le prêtre, *ce sublime trucheman entre le ciel et la terre*, à déchirer les plus belles pages de son histoire, à déshonorer son sacerdoce, à trahir son Dieu, à méconnaître ses devoirs vis à vis des consciences ; on voudrait le plier aux cent caprices de toutes les fantaisies individuelles, en faire l'instrument des passions politiques, des menées anticléricales, empêcher sa voix d'aller retentir aux montagnes d'Israël : « *Ne audiatur ultra vox ejus super montes Israel.* »

Pis encore.

On lui demande la *monstruosité* de reconnaître le droit commun de l'*erreur* et de la *vérité* à se produire parmi les hommes ; la *monstruosité* d'abandonner l'Eglise au milieu d'une tempête des plus violentes, et de laisser périr les âmes qu'il sait anxieuses dans le tourbillon d'un monde égaré...

Quelle moquerie de Satan !

Mais si le sel de la terre se laisse neutraliser, comment salera-t-on ? Si la *lampe* est tenue sous le boisseau, comment la maison sera-t-elle éclairée ? Si celui-là même que le Seigneur a établi pour confondre l'*erreur* et détruire l'*empire du mal* n'ose se faire entendre par crainte des persécutions temporelles, comment les frères seront-ils affermis dans la voie du salut ? Comment le règne de Jésus-Christ sera-t-il proclamé d'une mer à l'autre, depuis l'Euphrate jusqu'aux extrémités de la terre ?...

La perspective « qu'il était venu pour la *ruine* ou pour la *résurrection* d'un grand nombre en Israël, » n'empêcha pas le *Rédempteur* d'affirmer hautement que tous ceux qui ne croiraient pas seraient condamnés sans miséricorde. »

Mais si les *Apôtres*, pour éviter la tempête que leurs étranges discours allaient déchaîner sur leurs têtes, étaient restés au cénacle de Jérusalem, *Antioche et Rome* ne seraient pas venues à saint Pierre ; *Athènes et l'Aréopage*, — à saint Paul ; l'*Arménie*, — à saint Barthélemy ; l'*Asie*, — à saint Jean ; l'*Ethiopie*, — à saint Mathieu ; la *Perse*, — à saint Simon ; la *Scythie* et le *Pont*, — à saint André ; l'*Idumée*, — à saint Judes ; l'*Afrique*, — à saint Mathias ; les deux *Phrygies*, — à saint Philippe ; les *Indes*, — à saint Thomas ; les *Espagnes*, — à saint Jacques...

Et si les Tertullien, les Justin, les Chrysostome, les Ambroise, les Augustin, les Hilaire, les Athanase..., s'inspirant de la *prudence de la chair*, n'avaient fait entendre le tonnerre des menaces divines quand les maîtres du monde, enfiévrés par la morsure de l'envie, ou pour satisfaire de basses rancunes, statuaient contrairement aux lois de l'Eglise, usurpaient son autorité, pillaient ses temples, exilaient ses prêtres, arrachaient les offrandes des fidèles, livraient les choses saintes à la dérision..., il y a longtemps que le *Christianisme n'existerait plus*.

Et quand, à l'heure présente, les dieux du temps et de la terre n'ont pas assez de voix, pas assez de bouches pour envoyer au Dieu du ciel et de l'éternité le bruit de leurs impiétés et de leurs blasphèmes ;

Quand le jour que le Seigneur s'est réservé n'est plus qu'un jour profane, un jour de labeur et de trafic, un jour de scandale et de débauches ;

Quand Jésus-Christ est attaqué en face et de cent mille façons par une secte qui a recours à toutes les ruses, à toutes les audaces, pour lui arracher l'*humanité entière ;*

Quand le Vicaire du Christ, le docteur infaillible, abreuvé de toutes les amertumes de la passion de ton Maître, est réduit à répéter ces paroles de Job : « *Ecce relicta sunt tantummodo mihi labia circum dentes meos.* »

Quand le fils de la mère chrétienne est obligé d'aller boire aux sources empoisonnées des écoles athées ou laïques, sous peine d'amende et de prison ;

Quand cent feuilles volantes, cent romans orduriers, cent assemblées publiques, cent synagogues ténébreuses... attaquent, salissent, ruinent tout ce qui est respectable, tout ce qui a fait la gloire de la patrie ;

Quand, faute de mieux, les *aboyeurs patentés à la soutane* jettent sur le dos du prêtre « des peaux de loups pour lancer contre lui toute la meute enragée des chiens de garde ; »

Quand le *peuple philosophe* a dit à Dieu : « *Laisse-nous, laisse-nous ; nous ne voulons pas toujours trembler devant tes prêtres. La vérité qui sort du libre examen nous est cachée par la fumée de tes encensoirs... Nous ne parlerons plus de toi à nos enfants. Tout ce qui existe nous déplaît parce que ton nom est écrit sur tout ce qui existe. Sors de nos conseils, sors de nos académies, sors de nos tribunaux, sors de nos maisons... Nous voulons agir tout seuls; la raison seule nous suffit : laisse-nous, laisse-nous* (1) ; »

Quand la science et l'incrédulité, la menace et séduction, le plaisir et le lucre... se prêtent un mutuel et sacrilège appui pour verser par torrents le poison du libertinage et de l'impiété dans toutes les classes de la société chrétienne...; et nous en laissons :

Le prêtre pourrait se taire? remplir le rôle d'un *Oracle* sans voix? abandonner l'*Eglise*, sa mère, aux prises avec des *malfaiteurs* qui attentent à son *honneur* et à sa *vie*?

Comment! lui, le fils de la *lumière* : « Vos estis lux mundi, » il mettrait moins d'ardeur à défendre l'intégrité de nos croyances, la religion de nos écoles, l'inviolabilité de nos foyers que les *sinistres enfants des ténèbres* en mettent à les combattre et à les détruire? Mais c'est à lui, plus encore qu'aux prêtres d'Israël, que le Seigneur a dit : « *Dedi te in murum æreum et in columnam ferream... Exalta in fortitudine vocem tuam tu qui evangelisas Jerusalem.* »

Et parce que c'est César ou Brutus qui, cédant aux sentiments que lui inspire la *force brutale*

(1) De Maistre.

dont il dispose, pille la *Maison de Dieu*, s'empare du *patrimoine de l'autel*, violente les consciences, foule aux pieds tous les droits, s'acharne, avec une joie féroce, à nous former des générations de sceptiques et de sectaires, par l'enseignement obligatoire de l'*Athéisme social*...

Le prêtre ne pourrait pas dénoncer César ou Brutus ? Et il assisterait, l'âme tranquille, au progrès de cette infernale campagne qui s'est formulée un jour dans ce cri d'un fou-furieux :

« *Le cléricalisme, c'est l'ennemi !* »

Ah ! la ligne de ses droits comme de ses devoirs lui est trop clairement indiquée, pour qu'il puisse les méconnaître.

Ecoutez les ordres qui lui viennent du Ciel :

« Voilà que je t'ai établi sur les nations et sur les royaumes, pour arracher et détruire, pour planter et bâtir (1). »

« Crie, ne cesse de crier ; élève la voix et qu'elle soit pareille à la voix de la trompette (2). »

« Je vous ai placés sentinelles en Israël pour lui déclarer mes volontés. Parlez donc, ô prêtres, et dites : L'épée, l'épée est tirée contre le peuple infidèle, et s'il ne se convertit, cette épée fera un carnage qui frappera les esprits de stupeur. »

« Parlez, prêtres, et dites : Voici ce que dit le Seigneur : Enfants de la terre, vous êtes devenus

(1) Jérémie, Ch. 1, v. 10.
(2) Isaïe, Ch. LVIII, v. 1.

métaux, et comme on jette tout ensemble l'argent, l'airain, l'étain, le plomb — dans la fournaise, je l'embraserai et vous ferai passer par le feu. »

« Parlez, prêtres, et dites : Voici ce que dit le Seigneur : Si vous ne vous convertissez pas, je brûlerai vos arbres, je dessécherai vos moissons ; je vous livrerai à la famine et à tous les fléaux que je tiens dans ma main. »

« Parlez, prêtres, faites entendre la voix de cette trompette qui renversa Jéricho, et si celui qui aura entendu cette trompette ne se tient pas sur ses gardes, son sang retombera sur sa tête. Mais si vous, *gardiens du camp*, vous ne sonnez point de la trompette, si quand je dis à l'impie : Tu mourras de mort ! vous ne le lui annoncez pas pour qu'il se retire de sa voie mauvaise, il mourra dans son péché et il périra comme il le mérite ; mais néanmoins je redemanderai son sang aux *sentinelles*, comme étant responsables de sa perte. Et si le juste abandonne la justice et commet l'iniquité, il mourra dans son péché, parce que vous ne l'aurez pas averti ; mais je réclamerai son sang à vous, *sentinelles et gardiens du camp* (1). »

Ainsi parle Jéhovah, le Dieu des armées.

Ecoutez saint Paul, le fou d'amour pour le Christ :

(1) Ezéchiel, passim.

« Je vous en conjure devant Dieu et devant N. S. Jésus-Christ, qui jugera les vivants et les morts ; annoncez la parole de Dieu avec *force et hardiesse*, pressez les hommes à temps et à contretemps, sans vous lasser jamais de les tolérer et de les instruire... Un ministre de Jésus-Christ doit, avant tout, être puissant à exhorter dans la saine doctrine et à la défendre contre les attaques de l'erreur. Il faut fermer la bouche à ces hommes qui renversent les familles entières, en enseignant, pour un gain misérable, ce qu'on ne doit pas enseigner... Reprenez-les avec force. »

« Un prêtre qui ne dit pas librement ce qu'il croit être la vérité s'expose à la colère de Dieu et au mépris des hommes : *Nihil est in sacerdote tam periculosum apud Deum, tam turpe apud Deum quam quod sentiat libere denuntiare.* » (Saint Athanase.)

En somme, la *tolérance du mal*, d'où qu'il vienne, est un *écart des voies du bien*, un signe précurseur des décadences sociales. « Ceux qui l'érigent en principe poussent les peuples sur une pente fatale (1). » Ne commettons donc pas le crime d'obéir aux fantaisies et aux sollicitudes du *malade* ; sinon, la société périra par cette funeste condescendance (2). » Le salut ne peut venir que de la force répressive des idées subver-

(1) Le Play, Réforme sociale.
(2) Mgr Pie, Inst. synodales.

sives; et aujourd'hui, plus que jamais, il est nécessaire de mettre à nu le visage des ennemis de l'Eglise. « Que ne l'avons-nous fait plus tôt et sans discontinuer, s'écrie Mgr de Montpellier ; que n'avons-nous dépouillé de leur toison postiche ces *loups*, quand ils étaient faibles encore ! Si tous les *prêtres* connaissaient mieux les *ennemis de l'Eglise*, et si, avec cette connaissance, ils faisaient ce qu'ils *peuvent* et ce qu'ils *doivent*, la situation changerait bientôt. Mais il y a beaucoup trop *d'inintelligence* et *d'inertie* (1). »

C'est pendant que les prêtres dormaient leur sommeil, que l'homme ennemi a semé l'ivraie de l'*erreur* dans le champ de la *vérité ;* c'est parce que le pasteur n'a plus fait sentinelle, que les bêtes ont dévoré le troupeau.

Le cardinal de Bordeaux, Mgr Donnet, s'exprimait ainsi dans son Mandement du Carême de 1872 : « Les prédicateurs comprendront que leur enseignement doit atteindre toutes *les erreurs du jour pour les stigmatiser*. Ne pas tenir compte de ces *monstruosités* qui pervertissent les peuples, c'est trahir les intérêts de la société. La parole apostolique doit les combattre ; et en face des *solutions dégradantes* que préconise l'*esprit moderne*, faire resplendir, dans toute sa clarté l'enseignement évangélique. »

« Si celui qui prêche la parole de Dieu ne

(1) Lettre au chanoine Lebis.

blâme pas tout ce qui doit être blâmé, ne stigmatise pas tout ce qui doit être stigmatisé, il donne une *approbation tacite au mal;* et l'attrait du vice séduit, lorsque le langage du pasteur n'en détruit pas le charme (1). »

« En blâmant le mal, disait saint François de Sales, il faut épargner le plus qu'on peut la personne en laquelle il est... *J'excepte toutefois les ennemis de l'Eglise; car, ceux-là, il faut les décrier tant qu'on peut. C'est charité de crier : Au loup ! quand il est entré dans la bergerie; voire où qu'il soit* (2). »

Décidément le *prêtre* n'est pas l'*homme du cloître*, ni seulement un *officier public* pour les baptêmes, les mariages et les enterrements; il est le *soldat intrépide du champ de bataille, l'homme de partout!* et partout où il se trouve une âme à éclairer, à baigner dans le sang de l'*Agneau immolé*, il est chez lui avec tous les droits qui lui viennent de la parole de Jésus-Chris : « *Allez enseigner les nations, les baptiser et les soumettre à mon empire.* »

Encore un coup.

Ce droit lui vient du ciel ! « Ni l'enfer ne peut l'en dépouiller, ni la terre se l'approprier. »

Cependant, il est certaines gens (quelquefois

(1) Innocent III, livre VII, lettre 239e.
(2) Introduction à la vie dévote, liv. 3, ch. 29.

parmi les bons catholiques) qui trouvent intempestives, dangereuses les réclamations faites par un zèle imprudent ; et cela, sous prétexte qu'il ne peut servir qu'à exaspérer la *Révolution* et à vouer le prêtre aux rancunes et aux vengeances de la politique *anti-chrétienne...*

Je réponds que, si la franchise ou la doctrine du prêtre viennent à choquer la délicatesse ou d'une foi *mal éclairée*, ou d'une *impiété superbe*, ou d'une *ombrageuse licence...*, il se souviendra de cette belle parole de saint Paulin de Nole : « Qu'*on ne doit pas craindre de déplaire à ceux à qui le Christ déplaît !* » Et il se dira avec saint Paul : « Ce qui m'importe, n'est pas d'être jugé digne par les hommes, mais de *remplir mon ministère ;* et malheur à moi ! si, *par égard pour l'opinion*, je n'annonce pas l'Evangile ! Anathème à mon orgueil, si, rougissant de la *croix* de mon Dieu, je cherchais ailleurs mes discours et mes titres de gloire. »

On connaît le mot sublime de saint Augustin : « *Qui n'a pas de zèle n'a pas d'amour !* »

Malheur donc au *chien muet !* c'est-à-dire au pasteur qui n'est point dévoré par les ardeurs du zèle pour la cause du Seigneur son Dieu : « *Zelo zelatus sum pro domo domini mei.* »

« Un pasteur sans zèle a perdu la foi et la vocation : 1 Tim., ch. V, v. 8. »

« Il paraît vivant aux yeux des hommes, et il

est mort aux yeux de Dieu: Apoc., ch. III, v. 1. »

« Ce n'est plus un pasteur, mais une idole: Zac., ch. XI, v. 17. »

« Une statue qui a des yeux et ne voit rien: Ezéch., ch. XIII, v. 1. »

« Un chien muet qui n'a pas la force d'aboyer: Is., ch. LVI, v. 10 et 11. »

« Un renard dans des lieux ruinés: Is., ch. XIII, v. 4 et 5. »

« C'est un vase de réprobation et d'ignominie, placé dans le temple du Seigneur: Jér., ch. VI, v. 30; II Tim., ch. II, v. 20. »

« Un vil mercenaire qui abandonne le troupeau à la rage des loups: Jean, ch. X, v. 13; Ezéch., ch. XIII, v. 18; Is., ch. LVI, v. 11. »

« Un lâche qui contemple de sang-froid le crucifiement de l'Homme-Dieu: Matth., ch. XXVI, v. 41; Marc, ch. XV, v. 31. »

« Son ministère n'est plus qu'un ministère de destruction et de mort: Jér., ch. L, v. 6, 7; ch. VIII, v. 11. »

« Malheur aux pasteurs qui se paissent eux-mêmes! Les pasteurs ne paissent-ils donc pas leurs troupeaux? Ezéch., ch. XXXIV, v. 1. »

« Mes brebis ont été dispersées, parce qu'elles n'avaient pas de pasteur; et elles sont devenues la proie de toutes les bêtes farouches: Ezéch, ch. XXXIV, v. 5. »

« Vous n'êtes point montés à la rencontre de

l'ennemi, et vous n'avez point opposé un mur pour la maison d'Israël, afin de tenir ferme dans le combat le jour du Seigneur : Ezéch., ch. XIII, v. 5. »

« Pasteur inutile qui délaisses ton troupeau, le glaive du Seigneur est sur ton bras et sur ton œil droit. Ton bras sera desséché et ton œil sera couvert de ténèbres. C'est pourquoi, ô pasteurs, écoutez la parole de Jéhovah : Je jure que je viendrai à ces pasteurs inutiles et que je demanderai mon troupeau à leurs mains : Zach. ch. XI, v. 17 ; Ezéch., ch. XXXIV, v. de 7 à 11. »

Dieu, dans l'Apocalypse, ne traite pas beaucoup mieux ces pasteurs « *d'entre-deux*, » indécis par timidité, indulgents par calcul : « *Parce que vous n'êtes ni froids ni chauds, vous inspirez à mon cœur le plus violent dégoût, et je vous vomis de ma bouche.* » Tant mieux !

C'est à eux encore, et à leurs pareils, que le Christ adressait cette véhémente apostrophe : « *Qui n'est pas avec Moi, est contre Moi ; et qui ne ramasse pas avec Moi, disperse.* »

Ils la méritent bien.

On ne saurait donc trop le répéter, le prêtre n'a pas le droit de n'être pas ce qu'il est, ce que l'a fait l'ordination qui lui conféra le sacerdoce. Se souvenant qu'il a été établi sentinelle aux portes d'Israël pour le service de la bonne cause, il la défendra contre les attaques de l'ennemi, d'où qu'il vienne. Peu importe s'il mécontente un parti, ou un peuple, ou un siècle ; la vérité veut tomber de toute bouche où Dieu l'a mise, et elle ne dépend pas de l'assentiment de ceux à qui elle s'impose. Elle est ce qu'elle est. En conséquence : le seul parti honorable qu'il ait à prendre, c'est de mépriser les vaines menaces des hommes et de dédaigner leurs inutiles censures, puisqu'il est obligé de les subir, dût-il en être puni par l'outrage et l'injure, subir la proscription et la ruine ; il demeurera ferme et constant, opposant aux efforts et aux violences de ses adversaires ces paroles d'Isaïe le prophète : « *Lorsque vous serez un plus grand nombre* « *qui vous élèverez contre moi, vous serez* « *vaincus ; lorsque vous serez plus armés, vous* « *serez vaincus ; lorsque vous vous croirez plus* « *forts, vous serez vaincus. Les conseils que* « *vous prendrez seront dissipés, parce que* « *Dieu est avec nous et que pour vous résister* « *il nous donnera un visage plus dur que le ro*- « *cher et le diamant.* »

Mais, répliquent nos ennemis acculés, vous faites du prêtre, qui est un *ministre de paix !* un insurgé ! un factieux !...

Un factieux !

Le nom de *factieux* convient à ceux-là seuls qui cherchent à rendre odieux les hommes de bien, ou qui se plaisent dans le désordre. Quant au prêtre catholique (tout le monde en convient), il n'entend rien aux *barricades !* et les scènes sauvages, les luttes fratricides, c'est ce qu'il redoute le plus. Il est pourtant vrai de dire qu'on l'a vu quelquefois, en temps de révolution, se mêler à nos discordes civiles ; mais c'était, comme Mgr Affre, pour les apaiser par le sacrifice de sa vie.

Un insurgé !

Peut-être bien. Mais comme la sentinelle est insurgée contre le repos du camp, lorsqu'elle découvre l'*ennemi !* ou encore, comme le *médecin* est insurgé contre la *santé du malade*, quand il promène son scalpel entre les *chairs vives* et les *chairs pourries*.

Un ministre de paix !

— D'accord. Mais « dans le même sens qu'en langue politique, on appelle *officiers de la paix* » ces modestes fonctionnaires désignés par le gouvernement d'un pays pour protéger les *honnêtes gens* contre la *canaille*.

De même, la fonction du prêtre, *ministre de paix*, ne consiste pas à rester impassible en face de la guerre faite à Dieu et à la religion ; mais, essentiellement, à confondre les perturbateurs de l'ordre divin, de la conscience, du droit, de la liberté..., et à défendre courageusement, par tous les moyens honnêtes, les intérêts de Jésus-Christ et de son Eglise contre la Révolution,

« *cette immense rébellion qui fait des efforts sataniques pour pervertir les âmes* (1). »

Au reste, je le dis avec assurance, parce que j'en ai la conviction la plus profonde.

Ce ne sera point en vain qu'il aura porté le *glaive de la parole de Dieu : « Non enim sine causa gladium portat. »*

La parole de Dieu est la semence d'où naissent les membres du *corps* du Christ, c'est-à-dire du *Roi-Sauveur*. Là est l'espérance ; et le succès final est d'une certitude absolue.

En attendant,

Soldat sous les armes, qu'il tienne haut et ferme le drapeau de la cause sociale et chrétienne ! « Il porte dans ses plis la grandeur de Dieu que l'on brave, les bienfaits de l'Eglise que l'on méconnaît, la dignité de la nature humaine que l'on avilit (2), » le gage de la victoire qu'on nous dispute et qui nous sauvera. « *Labora sicut bonus miles Christi* (3). »

Et quand le règne *destructeur* de l'iniquité aura pris fin, le règne du *Christ réparateur* commencera.

C'est alors que, remplis d'une indicible joie, nous entonnerons ce chant de triomphe et d'amour, qui s'échappait autrefois du cœur de nos pères :

(1) Léon XIII, pape.
(2) Chesnelong.
(3) S. Paul.

Christus vincit !
Christus regnat !
Christus imperat !
Christus plebem suam ab omni malo defendat !!!

Que toute bouche le proclame.

CONCLUSION

Notre tâche est terminée ; la cause est entendue et jugée. Aux *impudentes calomnies*, aux *délations odieuses*, nous avons opposé la *force des raisonnements* et la *preuve authentique des faits*. Inutile d'insister. Il n'y a pas à revenir ; tout ce que nous venons de dire est d'instinct et de pratique universels. En conséquence, il reste évident que le *prêtre* n'est point un *accident* dont on pourrait se passer, le cas échéant, mais une « *cheville ouvrière*, » une « *nécessité sociale* ; » puisqu'il représente Jésus-Christ au milieu de nous, c'est-à-dire tous les *principes* de justice, d'ordre, de liberté, de progrès, d'amour, de dévouement..., hors lesquels il n'y a plus de sécurité, même pour la chose publique.

Sans le *prêtre*, la *société* ne serait pas viable ; parce qu'elle a des besoins, qui, *sans lui*, ne pourraient être satisfaits ; des misères qui, *sans lui*, ne pourraient être soulagées ; des germes de corruption qui, *sans lui*, ne pourraient être extirpés. « Ce serait le berceau sans prière, le mariage sans bénédiction, la dernière heure sans dernier pardon, la tombe sans espérance, la vie et la mort livrées à toutes les brutalités de la force, à toutes les horreurs du désespoir (1). »

Je ne dis peut-être pas assez ; car du jour où les *réformateurs* qui invoquent le *néant* pour domaine viendraient dire au *prêtre : Laisse-nous, laisse-nous ; il n'y a plus ici que des Chimpanzés !* » et où le prêtre, pliant bagage, s'en irait, en disant : « *Eh bien, faites !* » de ce jour la France deviendrait un immense désert moral. Il n'y aurait plus personne pour instruire le peuple et lui apprendre à distinguer le *bien* du *mal*, le *vrai* du *faux ;* plus personne pour prévenir les irréparables ruines, en prédisant, d'une voix indépendante, les tempêtes qu'amèneraient infailliblement l'*athéisme* de l'*enseignement*, la *corruption* des *mœurs* et l'*esprit* de *révolte*.

Dès lors : la foi en un Dieu rémunérateur de la *vertu* et vengeur du *crime* s'effaçant insensiblement des âmes, les passions meurtrières, comme des torrents qui ont rompu leurs digues, porteraient partout le ravage et la mort ; et le plus beau royaume, *après celui du ciel !* n'offrirait bientôt plus, aux regards consternés, que le spectacle de « *cette chose sans nom, faite de boue et de sang ! qui s'éteint là-bas sur les rives du Bosphore et dont l'agonie épouvante le monde.* »

(1) De Belcastel.

La France serait une Turquie ! peut-être pis encore : *Corruptio optimi pessimà.*

« Quand un peuple veut *vivre*, a dit Tocqueville, il faut qu'il *croie* ; et s'il ne veut pas *croire*, il faut qu'il *serve.* »

Et ne prenez pas ce que je dis pour une exagération :

Tous les historiens ou observateurs érudits, mais impartiaux, l'ont proclamé : « Etablissez au sein de la peuplade la plus *barbare* quelques *prêtres catholiques*, ne connaissant que leur Dieu, dans 50 ans ils auront formé un peuple dont la *police* et la philosophie émerveilleraient les sages de l'ancienne Grèce. »

C'est ainsi que s'est faite l'Europe.

« Transportez, au contraire, dans un paradis terrestre, une population pourvue de tous les arts et de toutes les lois, si elle n'a pas avec elle quelques prêtres pour lui parler de Dieu, 50 ans après, vous n'y trouverez que des sauvages, à moins qu'ils ne se soient dévorés les uns les autres.

Témoin la patrie des Augustin et des Cyprien.

C'est pourquoi, je vous en conjure devant Dieu :

Impies, respect au prêtre !

Il nous a affranchis, en brisant les chaînes qui nous attachaient au char des Césars... ; et vous nous ramenez aux horreurs de l'esclavage antique, à l'orgie, au carnaval sanglant...

Il nous défend, avec énergie, contre les *fantaisies* de l'arbitraire ou de la violence, contre les *audaces* de l'erreur ou du mensonge...; et vous attaquez, avec fureur, tout ce qui fait la force et l'honnêteté d'un peuple.

Gardien inflexible de la morale et de la doctrine chrétiennes, il nous enseigne un Evangile qui met dans la conscience et dans les mœurs, la vertu, l'équité, la pureté, la douceur, la charité..; et vous ressuscitez au milieu de nous les infamies païennes! et vous prêchez au peuple, instrument passif de desseins qu'il ignore, des théories avilissantes et dissolues qui gâtent les esprits et mènent aux abîmes du vice.

Impies, respect au prêtre !

Il ne cesse d'élever nos intelligences et nos cœurs, en nous rappelant la noblesse de notre origine et la grandeur de nos destinées ; et vous travaillez, par de longs efforts, à l'abrutissement de l'espèce humaine, en lui assignant pour horizon, la terre ; pour patrie, le tombeau ; pour héritage, le néant...

Il entretient, chez nous, le *Christianisme*, cette source intarissable de vérité et de vie, ce foyer de civilisation et de bonheur ; et vous voulez détruire, avec le Christianisme, toutes les notions de gloire et de dignité que nous avons reçus de lui.

Ah! vous méritez bien ce mot de Pascal ou de Fénelon : « *C'est une secte, non d'amis de la sagesse, mais de menteurs !* »

Impies, respect au prêtre !

Dieu, toujours juste et bon, l'a placé sur terre pour être à la fois notre guide et notre refuge ; et nous avons tous une égale part dans la distribution de ses bienfaits et dans l'effusion de son amour. Manquons-nous de courage, il nous fortifie ; nous défions-nous de nous-mêmes, il nous rassure ; dans nos délibérations, il nous dirige ; dans nos doutes, il nous éclaire ; il nous soutient contre les tentations et nous console dans nos peines. Avec nous, il prie, il veille, il souffre, il pleure ; et pour nous armer d'une force spéciale et nous endurcir aux douleurs et aux épreuves de la vie, il nous distribue les trésors dont il est le dépositaire, savoir : la *chair* du Fils, la *grâce* du Père, la *prière* du Saint-Esprit. « *Quis infirmatur et ego non infirmor ?* »

Impies, respect au prêtre !

Le père de famille au lit de mort, entouré de ses enfants, entend sa voix ; et son âme se réveille à l'espérance d'une vie nouvelle, et il trouve moins déchirante la catastrophe d'un dernier adieu...

Impies, respect au prêtre !

Qu'importe ce que l'on en dit dans un certain monde ! Il est l'homme de Dieu, l'espoir du pauvre abandonné, le refuge du coupable repentant, l'ami véritable du peuple, le seul qui sache compatir à l'*infortune* où qu'elle se trouve, et pleurer avec elle dans ses réduits obscurs et les plus abjects..

Impies, respect au prêtre!

Tout ce que vous tenteriez contre lui, vous le feriez au profit des passions subversives et au détriment du *bien public.*

L'histoire vous le crie par toutes ses pages.

Et cependant, chose étrange!

Tandis que le *Juif* reste *maudit!* des *Français,* le dirai-je? des *Français* se sont faits *Juifs!!!*

Souvenez-vous et jugez:

N'est-il pas vrai, dites, n'est-il pas vrai que, hier, pour ces aveugles ouvriers de l'abîme, le *prêtre,* celui-là même qu'ils appellent à leur chevet dans les mauvais jours, celui qui a béni leur enfance et qui ne cesse de prier pour eux, le *prêtre,* c'était l'*ennemi!* qu'il fallait combattre sans perdre un moment.

Aujourd'hui ce n'est déjà plus assez: il faut qu'il soit le *persécuté!* et l'on pourrait presque dire *manu militari.*

Et parce que la *Révolution* ne s'arrête pas en route, qu'après la *boue* des *haines* vient le *sang* des *innocents,* demain le *prêtre* sera le *fléau mortel,* le *parasite destructeur!* qu'il faudra chasser ignominieusement, comme un *renégat* du *patriotisme!* si on ne le traîne à la *guillotine,* comme un *scélérat* de pire espèce.

O souveraine ingratitude, et triste signe des temps!

Autant il a donné des preuves de dévouement

et d'affection, autant nos *barbares sectaires* lui créent un chapelet de torts imaginaires ou de crimes de fantaisie. (Ils n'en savent dire d'autre.)

Aux exhortations de son zèle, ils ont répondu par des atrocités ; et tandis qu'il prêche la paix, la charité, le pardon des injures, l'amour des ennemis..., ils le traitent en *étranger !* quand ils ne le désignent pas aux violences de la rue, comme un *futur otage*.

Il n'a jamais fait aucun mal, ni participé à l'injustice...

N'importe ! Pour tous ceux que le *frein* de la *Religion* incommode, le *prêtre* est l'*ennemi !* et, à ce titre, ils se croient tout permis contre lui.

Aussi, les *bravaches* et *polissons* qui le couvrent de *boue !* ou lui jettent des « *Couac! couac!* » par douzaines, pensent l'*obliger*, en ne lui *crachant pas à la figure !...*

Et les *gros gaillards* qui le frappent ou le dépouillent, appellent : « *Au secours !* et crient : « *Au voleur !* » tout en lui prenant son « *pain quotidien !* » Je ne m'en plains pas.

C'est le coup de pied de l'*âne aux longues oreilles!* et le prêtre préfère le recevoir que de le donner.

Dans tous les pays civilisés, sous tous les climats, de pareils procédés portent le nom de : « *brigandage !* » et les *gredins* ou *va-nu-pieds* qui le commettent sont coffrés ou pendus séance tenante.

C'est justice.

Il n'en est pas ainsi dans le monde *prêtrophobe* des *emberlucoqués ;* cela s'appelle : « *Faire la guerre au cléricalisme !* »

Et les *mauvais drôles* qui se permettent ces *friponneries*, ne sont ni torturés, ni roués, ni emprisonnés, comme on fit pour *Cartouche* et *Mandrin*. Au contraire, tous les avantages de la *société* sont pour eux seuls ; toutes les grâces, toutes les exemptions, tous les emplois leur sont réservés ; souvent même, l'*autorité publique* est en leur faveur... Mieux que cela :

Les coups de bâton qu'ils distribuent, les soufflets qu'ils donnent, les violences qu'ils exercent, les *polissonneries* dont ils se rendent coupables..., sont des affaires qu'on assoupit et dont, au bout de quatre ou cinq semaines, il n'est plus question du tout.

C'est la loi de la *nature*, c'est la politique de la *poche du voisin*... On ne peut pas être mieux servi que par les siens : *Asinus asinum fricat*.

Le peu dévot Montesquieu n'a-t-il pas dit : « *L'homme sans religion est un animal féroce,* « *qui ne sent sa liberté que lorsqu'il déchire et* « *qu'il dévore !* »

« *Autant vaudrait*, disait Voltaire, *être gou-* « *vernés par des démons sortis de l'enfer que* « *par des athées ; car si les hommes sans reli-* « *gion avaient intérêt à nous faire piler dans*

« *un mortier, nous serions parfaitement pilés*
« *dans un mortier...* »

Voilà pourtant où nous en sommes à cette heure, et sous un gouvernement qui a écrit sur tous les murs le triple mensonge : *Liberté, Egalité, Fraternité !* Nous l'avions prévu : tout arbre porte des fruits de son espèce. *Cuique suum.*

Aussi, on étouffe dans notre état social, depuis que la *force* y prime le *droit* ; et, si bas et si haut que se portent nos regards, on sent, un peu partout, de longs tremblements souterrains, un grondement de volcan furieux qui menace d'ensevelir, sous les ruines d'une sanglante *anarchie*, la *vieille Foi française :* « cette *Foi* qui a formé le *cœur* de nos *mères*, qui préserve la *pureté* de nos *sœurs*, qui garde l'*honneur* du *foyer chrétien.* »

Ah ! mon Dieu, quel gouffre j'entrevois !... C'est comme la mer quand elle mugit et s'ébranle jusque dans ses profondeurs.

Vraiment ! partout ça s'enfonce.

« Tous les erreurs d'un esprit que les passions ont égaré, toutes les défaillances d'une raison que la colère emporte, tous les caprices d'un cœur que les rancunes ont aigri, » toutes les infamies hurlées par des misérables qui ne rêvent que coups de force et massacres, se donnent la main pour étrangler :

Au nom de la *liberté*, toutes les *libertés* ;

Au nom de la *justice*, toute la *justice* ;

Au nom du *droit*, tous les *droits ;*

Quel désordre !

Jamais, grâce à l'équité *révolutionnaire*, rien de pareil ne s'était vu... Ce ne serait pas trop tôt que cela finisse.

Puissent donc les honnêtes gens comprendre, enfin, tout ce que la France peut attendre de ces merveilleux réformateurs qui, ayant bu toute honte, font de leur *conscience* métier et marchandise.

Puisse *Jean Labeur* se tourner bientôt vers la sinistre *caravane* d'où nous vient tout le *mal*, vers ces potillons de là-bas et leur crier :

Saute, *Midas !* Tu ne seras plus roi !!!

UN DERNIER MOT

O peuple, dont je voudrais la *liberté* et le *bonheur !*

Les *méchants*, tu sais : quinze à vingt *scélérats* dégoûtants, mais terribles, *ceux* qui réclament une place avec les *bêtes*, parce qu'ils auraient *intérêt* à mourir *tout entiers*, quelques *goins toqués*. quelques *mégères en rut !* les *méchants*, donc, te sont venus dire dans l'ivresse d'un fol orgueil, ou avec le sourire du ricanement et l'instinct du démon :

« Dieu n'est qu'un fantôme, la sottise, le rien :
« il n'y a personne *là-haut !*

« Supprimons l'*âme ;* il n'y en a pas ; ou, si elle
« existe, elle est essentiellement *hostile* à notre
« *nature*. La *Raison seule* nous suffit.

« Il est temps d'en finir avec la *superstition*,
« autrement dit le *Christianisme*, cette œuvre
« d'un *Pendu*, propagée par douze Galiléens en
« *guenilles !*

« Les *prêtres ?* Ah ! nous avons lu, en carac-
« tère de sang, les preuves de leur tyrannie et de

« leur *mauvais vouloir*. Leur règne est fini.
« Loin de nous toute cette *maudite race d'ensoutanés*, qui nous impose des *chaînes !* A la porte
« ces *hommes noirs*, qui nous enlèvent la *liberté*
« *de la chair !*

« Coupons-leur les *vivres*... Vouons-les au
« mépris et à l'anathème ; qu'ils soient *honnis*,
« *sifflés* par tous les hommes de la *libre-pensée !*

« D'où venons-nous ? Où allons-nous ? —
« N'importe !

« En deçà et en delà, il n'y a que des *ombres !*
« que débris sur débris... A quoi bon les sonder ?

« Nés comme à l'*aventure*, demain, nous se-
« rons la proie de la mort. Et, après la pourri-
« ture du tombeau, le *Rien éternel, le néant !*

« Peuple, les *curés* te trompent, quand ils te
« disent : *Crois* et *adore !* Non, tu n'es pas fait
« pour être esclave, mais *souverain* en toutes
« choses. La terre entière est à ton service.

« Des *écus* et des *plaisirs*, « panem et circen-
« ses : » voilà tes *grands dieux !* Que veux-tu de
« plus... ? »

Et toi, peuple, tu as écouté, comme des *oracles libérateurs*, ces *messagers de l'enfer*, ces *tribuns au front d'airain !* quoique « n'arrivant pas, après « tout, à valoir les *vidangeurs Louis XV* » *!* (1).

Et toi, le faîte et le couronnement des œuvres

(1) P. D. C.

du *Très-Haut*, le privilégié et l'affranchi du *Christ!* tu as bu, jusqu'à la dernière goutte, le *poison subtil* que t'ont présenté les *valets* crasseux et puants de l'*ancien Maudit*, ce *fauve* de l'*Evangile!* qui ne sort de son antre que pour *égorger* et *détruire*.

Parce que Dieu, le Dieu *saint* et *jaloux*, coûte des combats et quelques larmes, tu l'as relégué, ce *Beau vieux*, toujours *nouveau!* comme un meuble de *rebut*, au fond de ses temples ou dans un coin de son *paradis*, pour t'en aller, malgré d'âpres remords, à tes *passions* et à tes *plaisirs*.

C'est pitié!

Maintenant, tu dors ton sommeil dans l'oubli du devoir; et la *concupiscence* est devenue si impérieuse, si insolente chez toi, qu'elle te roule de précipice en précipice, te traitant plus mal qu'une *cruelle marâtre* traite l'enfant qui n'est pas sien.

Oui, te voilà, toi naguère encore l'incarnation de la pureté, de la franchise, de la bonne et belle *gaîté*, te voilà cloué à la terre, « traînant toute « une longue suite d'*iniquités* avec les cordes du « *mensonge* et le *péché*, comme avec les traits « d'un char.

« Tu te lèves le matin pour courir à l'*ivresse*, « et le soir tu y es encore! Mais l'*œuvre* de Jé- « hovah Sabaoth, tu n'y as aucun égard; mais « l'*ouvrage* de ses mains, tu ne le considères « point. Ton cœur est devenu épris, tes oreilles

« pesantes, tes yeux fermés. Tu as toute la peine « à te tenir debout. Tu n'es que ruine et dou- « leur (1). »

A voir ta conduite, on dirait que tu as perdu jusqu'au souvenir de ton origine, jusqu'à l'instinct de tes destinées. J'allais le dire : tu n'as plus l'air d'un *peuple civilisé*. Ah ! c'est que « tu as le *grand mál*, le *péché !* ses hontes et ses amertumes. »

Oh ! comme il faut qu'on t'ait trompé pour t'entraîner si loin, en des régions que je ne saurais dépeindre !

Mais, si l'on prend ton *« bon Dieu ! »* la source de la vie, le principe de tout *bien véritable*, Celui, enfin, qui t'a promis un bonheur suprême en échange des privations et des misères du temps présent, que te restera-t-il sur la terre ?

Tu le sais : un travail incessant, des soucis rongeurs, de cruelles déceptions, des rêves effrayants, beaucoup de larmes... ; jusqu'à ce que tu tombes, épuisé, meurtri, couvert des poussières de la route, sous le *couteau* de la mort ! après laquelle un *jugement* à subir ; puis tout un océan de souffrances, pour les *gros imbéciles* qui ont passé leur vie à filer des *toiles d'araignées !*

Malheureux peuple, qu'as-tu fait ?

Allons, puisqu'il en est temps encore, sors des *écuries* d'*Augias*, c'est-à-dire quitte les voies

(1) Isaïe, Jérémie, passim.

trompeuses que les *précurseurs* de l'*Antechrist* ont voulu te tracer; et, sans perdre un moment, songe à ton *âme* et à la *liberté !*

Crois-nous, la portée en est formidable et l'heure presse. Déjà la nuit se fait sur la terre, nuit profonde, pleine d'effroi; et il me vient aux oreilles un bruit sourd et terrible, comme le bruit de cette brise triste et froide qui précède les désastreuses tempêtes.

Ce bruit qui roule, cette clameur qui s'élève hurlante et menaçante, c'est le cri sauvage de la *bête*, la *grande prostituée*, la *Franc-Maçonnerie !* qui rassemble ses cohortes, ses apôtres, ses missionnaires et les pousse à l'assaut de la *Divinité*.

C'est le *détrôné* de la première catastrophe, l'*Ange* des *ruines*, ce *mauvais génie* des *nations* qui, défiant le ciel, devant Dieu, et à la lumière du soleil, veut refaire son trône sur les débris de l'*humanité chrétienne !* sur les *ossements* des *prêtres* et des *rois* protecteurs de l'*Eglise !*

Ce bruit, c'est encore la voix de l'*Eternel*, qui tombe sur la France *endormie* ou *endurcie*, lui criant, comme jadis à Israël prévaricateur :

« *O mon peuple, ta malice t'égare... Parce que tu refuses de m'obéir, j'amènerai sur ta tête sept fois plus de maux, à cause de tes péchés.*

« *Parce que tu as abandonné la loi de Jéhovah, blasphémé le Saint d'Israël, je te donnerai en jouet à tous les royaumes de la terre, en risée et en opprobre à toutes les nations.*

J'abattrai l'orgueil des superbes, j'humilierai l'arrogance des tyrans. Quiconque est pris, sera massacré ; quiconque vient à son secours, tombera sous le glaive...

Pour toi, reconnais et confesse qu'il t'est bien cruel et bien fatal d'avoir abandonné Dieu et déposé sa crainte pour suivre les passions mauvaises. O vigne étrangère ! tu n'es plus qu'un désert desséché par la malédiction !

Convertis-toi donc au Seigneur, de crainte que ton ennemi, comme un vautour à la serre cruelle, ne ravisse ton âme, ne la déchire ! et qu'il n'y ait plus, pour toi, de libérateur (1). »

C'est-à-dire : laisse la créature, tourne-toi vers Dieu et sacre roi de ton esprit et de ton cœur le *Christ Sauveur*, en qui seul est le salut, la vie et la résurrection : « *In quo salus, vita et resurrectio.* »

Et quand tu auras *Jésus-Christ* avec toi et pour toi, ô peuple que j'aime tant ! Alors, tu seras *aimable* et *heureux*.

Aimable : puisqu'il aura mis sur ta *figure humaine, flétrie*, sa *figure divine, glorifiée.*

Heureux, enfin : parce que — là où est le *Christ* — là il fait bon ! là on est bien !!!

(1) Isaïe, Jérémie ; passim.

C'est notre espérance et notre vœu.
En attendant ce jour si ardemment désiré :

Vive le Christ ! qui aime ses Francs !!!

AMEN.

Nancy, imprimerie Sant-Epvre.— A. Guyot, dir.

NANCY. — IMPRIMERIE SAINT-EPVRE

www.ingramcontent.com/pod-product-compliance
Ingram Content Group UK Ltd.
Pitfield, Milton Keynes, MK11 3LW, UK
UKHW022032170726
13837UKWH00002B/546

9 782019 953775